Helga Panten

BdB-Handbuch XI

Beet-, Balkon- und Kübelpflanzen

av BUCH

Inhaltsverzeichnis

Legende

- Blütenfarbe
- Blattfarbe
- Fruchtfarbe
- ♄ Baum
- ♄ Strauch
- Halbstrauch
- ♃ Staude
- ⊙ Einjährig
- (⊙) Einjährig kultiviert
- Zweijährig
- Zweijährig kultiviert
- Hängender Wuchs
- Kriechender Wuchs
- Kletternder Wuchs
- Schnittblume
- Sonnig
- Halbschattig
- Schattig
- Duft
- ✖ Giftig
- ❄ Winterhart
- Nicht winterhart
- (❄) Bedingt winterhart
- Hoher Wasserbedarf
- Mittlerer Wasserbedarf
- Niedriger Wasserbedarf
- V–VI Blütezeit

Vorwort

Die Veränderungen im Sortiment der Beet-, Balkon- und Kübelpflanzen sind atemberaubend. Alljährlich überraschen nicht nur neue Sorten, Farben und Formen Fachleute wie Verbraucher. Auch völlig neue Arten kommen hinzu, deren Wert für Topf und Kübel bisher übersehen wurde oder die in Vergessenheit geraten waren. Der Lust, Neues auszuprobieren, kommen nun Arten wie *Cuphea llavea*, *Alonsoa* oder *Streptocarpus* entgegen. Sie bieten völlig neue Aspekte für den sommerlichen Platz im Freien. Gleichzeitig sorgen auch Balkonklassiker für Überraschungen. Einhellige Begeisterung lösten die üppigen Blütenschleppen der Surfinia-Petunien aus und die neuen filigranen Stellar-Pelargonien machten deutlich, dass auch die Balkonpflanze Nr. 1 noch immer für Überraschungen gut ist.

Ein neues Kapitel wurde mit den Stauden für Balkon und Terrasse aufgeschlagen. Kompaktwachsende, blühfreudige und robuste Arten erweitern insbesondere die Sortimente für Frühjahr und Herbst. Damit hält auch auf Balkon und Terrasse Einzug, was in Garten und Natur selbstverständlich ist: die Kombination von ein-, zwei- und mehrjährigen Arten.

Blumen und Pflanzenfreunde nehmen all diese Neuerungen mit Begeisterung auf. In kürzester Zeit setzen sich blühfreudige und schönwüchsige Arten durch. Gleichzeitig verlängert sich die Saison. Erhielt der Balkon früher nur von Mitte Mai bis Anfang Oktober sein Blütenkleid, ist heute vielfach bereits im März Saisonauftakt mit duftenden und schönen Frühjahrsblühern. Herbstpflanzen wie Chrysanthemen, Alpenveilchen und Zierkohl schmücken ihn noch im November. Sogar in den Wintermonaten beleben schönblättrige immergrüne Stauden, Gräser und winterharte Gehölze die Freiräume rund ums Haus.

Angesichts all der Neuerungen, der Möglichkeiten zu kombinieren, mit Farben und Formen zu spielen, fällt vielen Menschen die Orientierung schwer. Wer nicht weiß, dass der Granatapfel sein Laub im Herbst abwirft und die buntblütigen Zantedeschien einziehen, wirft die vermeintlich abgestorbenen Pflanzen schnell auf den Kompost. Wer Wuchsstärken nicht einschätzen kann, erlebt, wie die zarte *Diascia* vom durchsetzungsstarken Zweizahn überwuchert wird. Das vorliegende Buch bietet Orientierung in all der Fülle. Der 1997 erstmals erschienene „Ratgeber Beet-, Balkon- und Kübelpflanzen“ wurde erneut erweitert und aktualisiert. Nach gut 150 Arten in der ersten Auflage, 288 in der zweiten, stellt es nun 316 Arten mit Bild und kurzen stichwortartigen Texten vor. Diese Texte machen eine rasche Information möglich. Sie bieten Hilfestellung beim Auswählen der geeigneten Pflanzen für den jeweiligen Standort und für die beabsichtigte Verwendung. Pflegehinweise und Anmerkungen zur Winterhärte bzw. Überwinterung helfen mit, dass die Freude an den Pflanzen von Dauer ist.

Wie bei allen Pflanzenbüchern ergab sich auch bei dem vorliegenden Buch die Schwierigkeit der Nomenklatur. Nicht für alle Arten gibt es eindeutige deutsche Namen. Die wissenschaftlich korrekten Namen sind aufgrund ihrer häufigen Änderungen auch bei Fachleuten nicht immer gebräuchlich. Das Buch führt daher dort wo es notwendig erschien parallel zu dem korrekten botanischen Namen (Zander – Handwörterbuch der Pflanzennamen, Auflage Nr. 18) auch das gebräuchliche Synonym auf.

Möge diese Veröffentlichung zu noch mehr und längerer Freude an Beet-, Balkon- und Kübelpflanzen beitragen und dazu anregen, neue Verwendungsmöglichkeiten zu entdecken.

Helga Panten,
Bonn im Sommer 2010

Beet-, Balkon- und Kübelpflanzen, was ist das eigentlich?

Rasch und ausdauernd Farbe in Schmuckbeete, Balkonkästen und Kübel bringen, das ist die Aufgabe des großen Sortiments, das sich aus ganz verschiedenen Pflanzengruppen zusammensetzt. Die Zuordnung der Arten zu diesem Sortiment folgt keinen botanischen Regeln, sondern leitet sich ausschließlich von der Verwendung ab. Pflanzenmoden lassen Arten aus dem Sortiment verschwinden wie die früher so beliebte *Reseda*. Dafür tauchen neue oder wiederentdeckte Arten auf.

Einjährige

Einen großen Anteil am Sortiment der Beet- und Balkonpflanzen haben einjährige Pflanzen wie Petunien, Leberbalsam, Duftsteinrich oder die Prunkwinde *(Ipomoea)*. Sie wachsen innerhalb des Frühjahrs heran, blühen während des Sommers, fruchten und beenden im Herbst ihren Lebenszyklus. Viele von ihnen reduzieren mit wachsender Fruchtzahl und -reife ihren Blütenreichtum. Daher ist für die meisten Pflanzenfreunde das Ausputzen verblühter Blumen ein selbstverständlicher Trick, denn so lässt sich in der Regel die Blühfreudigkeit bis zum Herbst sicher erhalten.

Zweijährige

Die relativ kleine Gruppe entwickelt in ihrem ersten Lebensjahr einen Blattschopf oder eine Blattrosette, die im darauf folgenden Jahr zur Blüte kommt. Neben den Frühjahrsblühern Stiefmütterchen, Primel, Vergissmeinnicht und Maßliebchen gehören auch Marienglockenblume, Bartblume und Goldlack dazu. Sie sind durchwegs wintergrün und mit leichtem Winterschutz unempfindlich gegen Frost. Daher eignen sie sich gut, um sonst winterlich kahle Beete und Kästen zu beleben.

Mehrjährige, wie Einjährige behandelt

Viele mehrjährige Arten, die keine ausreichende Winterhärte besitzen, werden unter die Einjährigen eingereiht. Typische Vertreter sind Gauchheil *(Anagallis)*, Gelbe Zwergmargerite *(Chrysanthemum multicaule)* oder das Fleißige Lieschen *(Impatiens walleriana)*. Ihre Überwinterung ist entweder schwierig oder sie lohnt sich nicht.

Nicht winterharte Stauden und Gehölze

Im Gegensatz zu ihnen werden die frostempfindlichen mehrjährigen Arten, die im Regelfall auch der Pflanzenfreund zuhause überwintern kann, als Kübelpflanzen bezeichnet. Arten wie Engelstrompete, Fuchsie, Wandelröschen oder Strauchmargerite werden entweder aus dem Beet herausgenommen oder sie sind in Kasten und Kübel mobil, damit sie rechtzeitig vor dem Winter an einem frostfreien Ort aufgestellt werden können.

Je nach Heimatstandort und Lebensweise sind die Ansprüche der Kübelpflanzen an ihren Überwinterungsort sehr unterschiedlich. Während Laub abwerfende oder einziehende Arten wie *Agapanthus*, *Cassia*, *Erythrina* oder Granatapfel durchaus relativ dunkel überwintern können, brauchen Kamelie, Lorbeer und Kanarenginster größtmögliche Helligkeit. Gardenie, *Hibiscus* und Zimmerlinde stehen am liebsten bei milden Temperaturen von 10–15 °C, während *Aucuba*, Wollmispel und Hortensie problemlos leichten Frost vertragen.

Winterharte Stauden und Gehölze

Als markante Gestalten im Kübel erfreuen sich Gehölze wie Buchsbaum, Efeu und Kätzchenweide großer Beliebtheit. Rosen können sogar im Balkonkasten mit Blütenfülle überzeugen. Das Potenzial der Gehölze für Kübel und Kasten ist noch längst nicht ausgeschöpft.

Die Entdeckung der winterharten Stauden, also der nicht verholzenden, mehrjährigen Pflanzen, für Kübel und Balkonkasten steht erst an ihrem Anfang. Vor Jahren sorgten die sogenannten Jumbostauden für Aufsehen. Das sind Großstauden, die bereits auf dem Höhepunkt ihrer Entwicklung stehen und sich in voller Blüten- und Blattschönheit präsentieren. Astilben, Fingerhut, Rittersporn, Stauden-Rudbeckien oder Tränendes Herz gehören dazu. Ist ihre Blütezeit beendet, sind auch sie im Kübel mobil und können bis zum nächsten Jahr in den Hintergrund gerückt werden. Ihnen folgte die Selektion schönblättriger Arten wie *Heuchera*, Bergenie oder Günsel, die mit attraktiv gezeichneten, immergrünen Blättern Leben in die Herbst- und Wintermonate bringen können. Ganz aktuell drängen sich die Frühjahrsstauden in Kübel und Kästen. Arten wie Gemswurz, Blaukissen oder Kugelprimel vergrößern das Sortiment der klassischen Blüher in Kasten und Kübel rasant.

Für Stauden und Gehölze gilt: Geeignet sind Arten, die durch ihren Wuchs, ihre Blätter und/oder Blüten dekorativ wirken sowie geschlossen und kompakt wachsen. Sie müssen tolerant sein gegenüber Wärme und Trockenstress – die auch bei bester Pflege vorkommen. Sie sollten keine Pfahlwurzeln bilden, sondern kompakte Wurzelballen mit vielen Feinwurzeln und sie müssen robust genug sein, um mit dem reduzierten Wurzelraum zurecht zu kommen.

Frühlingsauftakt

Das erste Blühen beginnt noch im Winterquartier. Schon ab Januar öffnen z. B. die Kamelien ihre Blüten in beeindruckender roter, rosa oder weißer Pracht. Der Kanarenginster (*Cytisus × racemosus*) erfreut durch seine gelben Blütenrispen. Die Schönmalve *(Abutilon*-Hybriden*)* schmückt sich bereits mit ersten eleganten Glocken. Mittelmeer-Schneeball *(Viburnum tinus)*, der im milden Weinbauklima sogar draußen überwintern kann, und Schneeflockenblume *(Sutera diffusus)* kleiden sich in Weiß. Auch etliche der Zitrus-Arten füllen bereits Wintergarten, Loggia oder Kleingewächshaus mit betörendem Duft.

Saisonstart März

Aber so richtig los geht es im März. Dann ist die blütenlose Zeit bei den Beet-, Balkon- und Kübelpflanzen auch draußen vorbei. Den Ton geben meist die zweijährigen Pflanzen an. Neben Primeln, Stiefmütterchen, Ministiefmütterchen und *Bellis* gehören auch Vergissmeinnicht und Goldlack dazu. Diese winterharten Frühjahrsklassiker entwickeln im ersten Jahr einen Blattschopf, aus dem im zweiten Jahr die Blüten entspringen. Mit ihrer großen Vielfalt an Farben können die Zweijährigen allein Kasten und Kübel beleben. Lebendiger wird es, wenn sich die anderen Frühlingsblüher dazu gesellen.

Mit Zwiebelblumen kombinieren

Die Kombination mit verschiedenen Zwiebelblumen hat Tradition. Dabei ist fröhliche Buntheit genauso möglich wie edle Ton-in-Ton-Pflanzungen, die Freude an Farbkontrasten oder an feinen farblichen Abstufungen. So können knallrote Tulpen über einem Teppich aus weißen Maßliebchen und blauen Stiefmütterchen schweben, rote Ranunkeln passen gut zu rosa Maßliebchen und rosa Vergissmeinnicht. Gelbe Narzissen sind ideale Partner für gelbe Topfprimeln. Aber auch blaue Stiefmütterchen und Vergissmeinnicht vertragen sich gut mit dem Gelb der Narzissen.

Während im Beet der Vergesellschaftung von Frühjahrsblühern und Zwiebelblumen praktisch keine Grenzen gesetzt sind, passen in Kasten, Schale und Kübel vor allem die niedrigen Arten und Sorten. Bei den Narzissen haben sich kleinblütige wie 'Tete-a-Tete', 'February Gold', 'Jetfire' oder 'Quince' besonders bewährt. Bei den Tulpen sind es Sorten der Greigii-Gruppe wie 'Cape Code' oder 'Oriental Beauty', niedrige Fosteriana-Tulpen wie 'Princeps' oder 'Juan' sowie die einfachen oder gefüllten frühen Tulpen, zu denen z. B. die Sorten 'Brillant Star', 'Peach Blossom' und 'Monte Carlo' gehören. Hyazinthen, Ranunkeln, Krokusse, niedrige Zwiebel-Iris und Traubenhyazinthen vervollständigen den Reigen der Zwiebelblumen für Balkonkasten und Kübel. Dürfen sie in Ruhe einziehen, d. h. haben die Blätter Zeit gelb zu werden und einzutrocknen, kann man die Zwiebeln aus der Erde nehmen und bis zur erneuten Pflanzung im kommenden Herbst trocken aufbewahren.

Im Trend: Zweijährige und frühlingsblühende Stauden

Weniger selbstverständlich als die Kombination mit Zwiebelblumen – vor allem in Kasten und Kübel – ist die Verbindung der Zweijährigen mit winterharten frühlingsblühenden Stauden. Sie wachsen traditionell in Staudenpflanzungen oder im Steingarten. In jüngster Zeit werden voll erblühte Exemplare aber auch als Frühjahrsblüher für Kasten, Kübel und Schale angeboten. Die dafür in Frage kommenden Sorten wachsen kompakt, sind farbstark in Blatt und/oder Blüte und blühfreudig. Kugelprimeln *(Primula denticulata)*, Polstersteinbrech *(Saxifraga × arendsii)*, Wolfsmilch *(Euphorbia amygdaloides)*, Schaumblüte *(Tiarella wherryi)* und viele andere gehören in diese Gruppe. Zauberhafte Frühlingsstimmung kann z. B. von einem Gefäß ausgehen, in dem sich rote und rosa Maßliebchen mit rot-weißen Akelei und purpurrot-blättrigen *Heuchera* verbinden. Nicht weniger eindrucksvoll wirken blaue Stiefmütterchen mit gelbem Steinkraut, den großen Blüten der Gemswurz und blassgelbem Schöterich *(Erysimum)*. Der Lust am Kombinieren sind auch hier kaum Grenzen gesetzt.

Und nach der Blüte?

Die Blütezeit der Frühlingsstauden ist genauso begrenzt wie die der Zweijährigen. Aber anders als Stiefmütterchen, Vergissmeinnicht und Maßliebchen, die mit der Samenreife ihren Lebenszyklus beenden, leben die Stauden weiter und blühen im nächsten Frühjahr erneut. Wer Kasten und Kübel frei machen will für Sommerblumen, pflanzt die verblühten Stauden in den Garten. Arten wie Steinbrech, Steinkraut, *Heuchera* oder Schaumblüte sehen allerdings auch ohne Blüten ansprechend aus und können ohne weiteres als Strukturpflanzen zwischen den Sommerblühern weiter wachsen.

Ähnliches gilt für die frühlingsblühenden winterharten Gehölze im Kübel. Winterschneeball *(Viburnum × bodnantense)* oder Gefüllte Hängekirsche *(Prunus avium* 'Pendula Plena'*)* eignen sich gut als Solitär für Terrasse, Hauseingang oder Gartenplatz. Auf dem Balkon wird das sommerlich grüne Hochstämmchen der Kätzchenweide *(Salix caprea* 'Pendula'*)* zum ruhigen Partner für blühende Fuchsien, Wandelröschen *(Lantana)* oder den Hammerstrauch *(Cestrum)*. Der Winterjasmin *(Jasminum nudiflorum)* setzt mit seiner über den Kübelrand herabfließenden Form genauso den Gegenpol zum sommerlichen Blühen wie das glänzende Laub der Mahonie.

Ist der erste Ansturm der Frühjahrsblüher vorbei, leiten Goldlack, frühe Pantoffelblume, Hornklee *(Lotus)*, Vergissmeinnicht und späte Tulpe in den Sommer über. Zusammen mit Drehkrone *(Streptosolen)* und Klebsame *(Pittosporum)* geben sie ein kleines Intermezzo, bevor die Sommerblüher das Regiment übernehmen.

Aquilegia flabellata var. *pumila*

Zwerg-Akelei

Ranunculaceae

IV–V

Herkunft: Südostasien, Kultursorten
Wuchsform: Horstig, kompakt
Höhe: 10–15 cm
Blüte: Je 5 Kelch- und 5 Kronblätter, letztere kräftig gespornt, (im Volksmund Elfenhandschuh); blau, weiß, purpurn, violett, rosa, pink, Kelch- und Kronblätter oft unterschiedlich gefärbt
Blütezeit: April–Mai
Blatt: Dreiteilig, stark gelappt; dunkelgrün
Standort/Pflege: Mäßige Sonne bis lichter Schatten; durchlässige Erde; mäßiger Wasser- und Düngerbedarf
Verwendung: Beet, Schale, Topf
Hinweise: Laubwirkung auch nach der Blüte; bei Verwendung als Saisonblüher nach Verblühen im Garten auspflanzen
Weitere Arten: Hohe Stauden-Akelei wie *Aquilegia vulgaris*, heimische Art; *Aquilegia caerulea*, hohe großblütige Sorten; *Aquilegia alpina*, Alpenakelei

Arabis alpina

Alpen-Gänsekresse

Brassicaceae

IV–V

Herkunft: Gebirgszonen Europas und Nordamerikas, Kultursorten
Wuchsform: Buschig, kompakt, Polster bildend
Höhe: 15–25 cm
Blüte: Kreuzblüten in lockeren Trauben; weiß oder rosa
Blütezeit: April–Mai
Blatt: Spatelförmig, leicht gebuchtet; frischgrün
Standort/Pflege: Sonnig, warm; durchlässige Erde; mäßiger Wasser- und Düngerbedarf
Verwendung: Beet, Schale, Topf
Hinweise: Galt früher als heikel, heute blühfreudige und wüchsige Auslesen im Handel; bei Verwendung als Saisonblüher nach Verblühen in den Garten auspflanzen
Weitere Arten: Stauden-Gänsekresse wie *Arabis caucasica*: weißblühend; *Arabis ferdinandi-coburgii*: weißbuntes Laub

Aubrieta-Hybriden

Blaukissen

Brassicaceae

4 ❄ IV–VI

Herkunft: Mittelmeerraum, Kultursorten
Wuchsform: Flach, ausgebreitet, teppichartig
Höhe: 15–25 cm
Blüte: Vierblättrig, flach; hell- bis dunkelblau, rosa, violett oder weiß
Blütezeit: April–Mai
Blatt: Spatelförmig, behaart; frischgrün
Standort/Pflege: Sonnig, warm; durchlässige Erde; mäßiger Wasser- und Düngerbedarf
Verwendung: Beet, Schale, Topf
Hinweise: Dichte Blütenteppiche bildend, unter denen das Laub nahezu verschwindet; bei Verwendung als Saisonblüher nach Verblühen in den Garten auspflanzen

Aurinia saxatilis (= Alyssum saxatile 'Compactum')

Steinkraut

Brassicaceae

4 ❄ III–V

Herkunft: Mittelmeerraum, Kultursorten
Wuchsform: Buschig, breit, locker
Höhe: 15 cm
Blüte: Doldentrauben aus kleinen Kreuzblüten auf hohem Stängel, goldgelb
Blütezeit: März–Mai
Blatt: Lanzettlich; graugrün
Standort/Pflege: Volle Sonne; durchlässige, möglichst kalkhaltige Erde, mäßiger Wasser- und Nährstoffbedarf
Verwendung: Steingarten, Schale, Trog
Hinweise: Verträgt viel Wärme und Trockenheit, daher traditionell als Steingartenpflanze verwendet; bei Verwendung als Saisonblüher nach Verblühen im Garten auspflanzen
Weitere Arten: *Alyssum montanum* und *Alyssum wulfenianum*: beide kriechend

Bellis perennis

Maßliebchen

Asteraceae

III–V

Herkunft: Deutschland, Europa, Kultursorten
Wuchsform: Rosettenartig, buschig, aufrecht
Höhe: 15–30 cm
Blüte: Rundlich, pomponförmig, dicht gefüllt, mit meist röhrenförmigen Strahlenblüten; 4–6 cm groß; alle Farbvarianten von weiß bis rot, auch zweifarbig, dann meist helle Töne mit dunkelroten oder rosa Spitzen
Blütezeit: März–Mai
Blatt: Spatelförmig, fein gezähnt oder leicht gebuchtet; hellgrün
Standort/Pflege: Sonnig bis halbschattig; durchlässige, nährstoffreiche Erde; mäßiger Wasser- und Düngerbedarf
Verwendung: Beet, Balkonkasten, Schale
Hinweise: Anspruchslos; Herbstpflanzung in bereits abgeräumte Sommerblumenbeete möglich; vor extremen Temperaturen durch leichte Abdeckung mit Fichtenzweigen schützen

Doronicum orientale (= Doronicum caucasicum)

Gemswurz

Asteraceae

IV–V

Herkunft: Südosteuropa bis Kleinasien, Kultursorten
Wuchsform: Buschig-horstig, aufrecht
Höhe: 50 cm, Topfsorten 30 cm
Blüte: Korbblüten mit sehr feinen Strahlenblüten; goldgelb
Blütezeit: April–Mai
Blatt: Grundblätter breit-herzförmig, lang gestielt, Stängelblätter stängelumfassend; frischgrün
Standort/Pflege: Sonnig bis halbschattig; durchlässige Erde; mäßiger Wasser- und Düngerbedarf
Verwendung: Beet, Schale, Topf, Schnitt
Hinweise: Bewährte Gartenblume und haltbare Schnittblume; anspruchslos; bei Verwendung als Saisonblüher nach Verblühen im Garten auspflanzen

Draba aizoides

Hungerblümchen

Brassicaceae

IV–V

Herkunft: Pyrenäen, Alpen, Karpaten, Kultursorten
Wuchsform: Rosettenförmig, polsterartig wachsend
Höhe: 10 cm
Blüte: Kreuzblütchen in kleinen Dolden auf 2–4 cm hohen Stängelchen; goldgelb
Blütezeit: April–Mai
Blatt: Starre, steifborstig bewimperte Blättchen in lockeren Rosetten; dunkelgrün
Standort/Pflege: Vollsonnig; sandig-durchlässige, kalkhaltige Erde; sehr mäßiger Wasser- und Düngerbedarf
Verwendung: Steingarten, Schale, Topf, Trog
Hinweise: Schwach wachsend, am besten zusammen mit anderen niedrigen Polstern wie *Saxifraga*-Arten (Steinbrech) oder *Arabis*-Arten (Gänsekresse)

Erysimum × allionii

Goldlack-Schöterich

Brassicaceae

IV–V

Herkunft: Kaukasus, Afghanistan, Kreuzung verschiedener Arten
Wuchsform: Buschig, kompakt
Höhe: 40–60 cm, kompakte Sorten nur 20–30 cm
Blüte: Kleine einfache Kreuzblüten in dichten Blütentrauben angeordnet; warmes Orangegelb
Blütezeit: April–Juni
Blatt: Schmal-lanzettlich, mit kräftigen Spitzen; dunkelgrün
Standort/Pflege: Sonnig, warm; durchlässige, mäßig nährstoffreiche Erde; mäßiger Wasser- und Düngerbedarf
Verwendung: Beet, Topf, Schnittblume
Hinweise: Wenig anspruchsvoll; eher trocken als nass halten; zum Überwintern rechtzeitig auspflanzen, damit sie abhärten; leichten Winterschutz geben; kann sich selbst aussäen und besiedelt den Garten dann dauerhaft

Erysimum cheiri (= Cheiranthus cheiri)

Goldlack

Brassicaceae

V–VI

Herkunft: Südeuropa, Kultursorten
Wuchsform: Strauchig, leicht etwas sparrig
Höhe: 20–50 cm
Blüte: Einfache Kreuzblüten, bis 2,5 cm; in dichten Blütentrauben angeordnet; charakteristischer Geruch; warme Rot-, Gold- und Brauntöne, oft zweifarbig
Blütezeit: April–Juni
Blatt: Schmal-lanzettlich, fest; dunkelgrün
Standort/Pflege: Sonnig, warm; durchlässige, mäßig nährstoffreiche Erde; mäßiger Wasser- und Düngerbedarf
Verwendung: Beet, Topf, Schnittblume
Hinweise: Alte Bauerngartenpflanze; wenig anspruchsvoll; eher trocken als nass halten; zum Überwintern rechtzeitig auspflanzen, damit sie abhärten; leichte Reisigdecke zum Schutz vor Temperaturextremen
Weitere Arten: *Erysimum suffruticosum*: Blütenfarbe gelb; *Erysimum linifolium*: Blütenfarbe lila (siehe Kapitel Herbst)

Euphorbia amygdaloides 'Purpurea'

Mandelwolfsmilch

Euphorbiaceae

4 (II) III–V

Herkunft: Deutschland, Mittel- und Südwesteuropa, Kultursorten
Wuchsform: Straff aufrecht, horstig, vieltriebig, ausläufertreibend
Höhe: 40 cm
Blüte: Hochblätter mit kleinen paarweise angeordneten Blüten, in langstieligen, lockeren Trugdolden zusammenstehend; grüngelb
Blütezeit: (Februar) März–Mai
Blatt: Schmal, lanzenförmig, in Quirlen angeordnet; immergrün; mittel- bis dunkelgrün; je nach Sorte auch rot überlaufen oder bläulich bereift
Standort/Pflege: Sonnig bis halbschattig; humose, durchlässige Erde; mäßiger Wasser- und Düngerbedarf
Verwendung: Beet, Schale, Wildstaudenpflanzung
Hinweise: Auffällige grüne Horste im Winter, Blüten im noch kahlen Frühlingsgarten von erstaunlicher Leuchtkraft; werden Ausläufer regelmäßig entfernt, lässt sich der Ausbreitungsdrang gut begrenzen; besonders schöne Farbsorten: 'Purpurea', 'Eleni', 'Despina', 'Efanthia'
Weitere Arten: z. B. *Euphorbia myrsinites*, Walzenwolfsmilch: niederliegende Triebe mit zur Walze angeordneten starren Blättern, grüngelbe Blüten; *Euphorbia polychroma*, Vielfarbige Wolfsmilch

Iberis sempervirens

Schleifenblume

Brassicaceae

III–V

Herkunft: Südwesteuropa, Kultursorten
Wuchsform: Strauchig, polsterförmig, vieltriebig
Höhe: 25 cm
Blüte: Kreuzblütchen, nach außen weisende Blütenblättchen deutlich größer, in Doldentrauben angeordnet; weiß
Blütezeit: März–Mai
Blatt: Schmal, nadelförmig; dunkelgrün
Standort/Pflege: Voll sonnig; sandig-durchlässige Erde; mäßiger Wasser- und Düngerbedarf
Verwendung: Beet, Schale, Topf,
Hinweise: Volle Sonne sorgt für erforderliche Winterhärte, im Halbschatten frostempfindlicher; bei Verwendung als Saisonblüher nach Verblühen im Garten auspflanzen
Weitere Arten: *Iberis saxatilis*: 5–10 cm; *Iberis gibraltarica*: Blüten von weiß bis violett

Leucanthemum hosmariense

Marokko-Margerite

Asteraceae

♃ (❄) IV–VI

Herkunft: Nordafrika, Kultursorten
Wuchsform: Buschig, kompakt, mit darüber aufragenden Blütenstielen
Höhe: 25 cm
Blüte: Kräftige große Margeritenblüten, einzeln auf hohem Stiel getragen; schon als Knospe auffallend, weiß mit gelber Mitte
Blütezeit: April–Juni
Blatt: Schmal, stark gefiedert; silbergrau
Standort/Pflege: Sonnig; geschützt, gut durchlässige, nährstoffreiche Erde; mäßiger Wasser- und Düngerbedarf
Verwendung: Beet, Balkonkasten, Topf
Hinweise: Keine Staunässe; im Frühjahr blühend gekaufte Pflanzen sind anfangs frostempfindlich, daher behutsam ans Freie gewöhnen und gegebenenfalls schützen
Weitere Arten: *Leucanthemum vulgare*, Wiesenmargerite; *Leucanthemum × superbum*, Sommermargerite

Mazus reptans

Lippenmäulchen

Scrophulariaceae

(III) V–VII

Herkunft: Himalaja, Kultursorten
Wuchsform: Buschig, vieltriebig, kompakt, kriechend
Höhe: 5–10 cm
Blüte: Kleine Oberlippe und kräftig vorgestreckte Unterlippe mit drei Lappen; blau, violett oder weiß, meist mit gelben oder weißen Punkten
Blütezeit: Vorgetrieben bereits ab März, Mai–Juli
Blatt: Oval bis lanzenförmig, fein gezähnt; frischgrün
Standort/Pflege: Sonnig bis halbschattig; humose, gut durchlässige Erde; hoher Wasser- und mäßiger Düngerbedarf
Verwendung: Beet, Balkonkasten, Ampel, Bodendecker
Hinweise: Viel Feuchtigkeit, aber keine Staunässe; sonst anspruchslos und wüchsig, vor Schnecken schützen

Myosotis sylvatica

Vergissmeinnicht

Boraginaceae

IV–V

Herkunft: Europa, Kultursorten
Wuchsform: Buschig-horstig, vieltriebig, kompakt
Höhe: 25 cm
Blüte: Blütenwickel aus einer Fülle kleiner fünfzipfliger Blütchen; blau, weiß oder rosa
Blütezeit: April–Mai
Blatt: Spatelförmig, etwas weich; hellgrün
Standort/Pflege: Sonnig bis halbschattig; humose, nährstoffreiche Erde; hoher Wasser- und mäßiger Düngerbedarf
Verwendung: Beet, Balkonkasten, Topf, Schnittblume
Hinweise: Keine Staunässe, sonst anspruchslos; Pflanzung bereits im Herbst nach Abräumen der Sommerblumen möglich, dann leichten Winterschutz geben
Weitere Arten: *Myosotis palustris*, Sumpfvergissmeinnicht: sommerblühend

Pericallis cruentus (= Senecio cruentus)

Aschenblume

Asteraceae

III–V

Herkunft: Kanarische Inseln, Kultursorten
Wuchsform: Buschig, kompakt
Höhe: 30 cm
Blüte: Große, aber leicht wirkende Korbblüten auf vielblütigen Stängeln; rot, rosa, pink, violett, hellblau, dunkelblau oder weiß, oft mit weißem Ring
Blütezeit: März–Mai
Blatt: Groß, rundlich, kräftig gebuchtet, mit silbrigem Flaum unterseits, mittelgrün
Standort/Pflege: Kühl, frisch; nährstoffreiche, gut durchlässige Erde; hoher Wasser- und Düngerbedarf
Verwendung: Kübel, Schale, Topf
Hinweise: Eigentlich als Zimmerpflanze bekannt, ist aber draußen erstaunlich robust und lange blühend; verträgt kurzfristig leichten Frost

Phlox subulata

Polsterphlox

Polemoniaceae

IV–V

Herkunft: Nordamerika, Kultursorten
Wuchsform: Rasenartig, ausgebreitet
Höhe: 10 cm
Blüte: Blütenröhre, sich fünflappig öffnend; Blütenlappen schmal, keil- oder eiförmig, geschlitzt; rot, rosa, weiß, hellblau oder lila, auch zweifarbig
Blütezeit: April–Mai
Blatt: Nadelförmig, immergrün; mittelgrün
Standort/Pflege: Sonnig, warm; nährstoffreiche, durchlässige Erde; mäßiger Wasser- und Düngerbedarf
Verwendung: Steingarten, Schale, Topf
Hinweise: Keine Staunässe; bei Verwendung als Saisonblüher nach Verblühen in den Garten ausplanzen
Weitere Arten: *Phlox paniculata* und *Phlox maculata*: hohe sommerblühende Staudenphlox-Arten

Primula denticulata

Kugelprimel

Primulaceae

III–V

Herkunft: Himalaja bis Westchina, Kultursorten
Wuchsform: Rosettenartig mit aufrechten Blütenständen
Höhe: 25 cm
Blüte: Trichterförmig, zu vielen zu dichten Doldenbällen angeordnet, auf hohen unverzweigten Blütenstielen; rosa, rot, violett oder weiß
Blütezeit: März–Mai
Blatt: Bis 15 cm lang, breitlanzettlich mit gezähntem Rand; mittelgrün
Standort/Pflege: Licht- bis halbschattig, keine pralle Sonne; lehmig-humose Erde; hoher Wasser- und mäßiger Düngerbedarf
Verwendung: Beet, Schale, Topf
Hinweise: Keine Staunässe; volle Blattentwicklung erst nach der Blüte; bei Verwendung als Saisonblüher nach Verblühen im Garten auspflanzen
Weitere Arten: Viele Staudenprimeln wie *Primula juliae*, Teppichprimel; *Primula auricula*, Gartenaurikel; *Primula beesiana* und *Primula × bullesiana*, Etagenprimeln

Primula-Vulgaris-Hybriden

Frühlingsprimeln

Primulaceae

III–V

Herkunft: Europa, Kultursorten
Wuchsform: Rosettenartig mit Blütentuff oder hohen Blütenständen
Höhe: 10–30 cm
Blüte: Aus kurzer Röhre radförmig öffnend mit fünf bis acht breiten Lappen, auch hübsche gefüllte Sorten; 2–9 cm; in dichten Dolden angeordnet, je nach Sorte stängellos oder auf bis 30 cm hohem Stängel getragen; gelb, rot, rosa, blau, violett oder weiß, meist mit gelber Mitte, oft zwei und mehrfarbig
Blütezeit: März–Mai, vorgetrieben schon ab Januar
Blatt: Bis 15 cm lang, breitlanzettlich, runzlig, mit gezähntem Rand; mittel- bis dunkelgrün
Standort/Pflege: Licht- bis halbschattig, keine pralle Sonne, Kühle liebend; nährstoffreiche, durchlässige Erde; hoher Wasser- und mäßiger Düngerbedarf
Verwendung: Beet, Balkonkasten, Schale, Topf
Hinweise: Keine Staunässe; Herbstpflanzung und Überwinterung im Freien möglich, dazu etwas abdecken; vorgetriebene Pflanzen sind etwas frostempfindlich; im warmen Zimmer sehr viel Wasser geben
Weitere Arten: z. B. *Primula veris*, Echte Schlüsselblume; *Primula rosea*, Rosenprimel

Pulsatilla vulgaris

Küchenschelle, Kuhschelle

Ranunculaceae

III–V

Herkunft: Deutschland, Europa, Kultursorten
Wuchsform: Buschig-horstig, locker
Höhe: 25 cm
Blüte/Frucht: Glockig mit sechs Blütenblättern; bis 8 cm groß; violett, rot oder weiß, in schönem Kontrast zu gelben Staubgefäßen; fedrige Fruchtstände
Blütezeit: März–Mai
Blatt: Handförmig, fein gefiedert, silbrig behaart, Blütenstängel mit Kranz von Hochblättern; mittelgrün
Standort/Pflege: Sonnig, warm; lockere, kalkhaltige Erde; sehr mäßiger Wasser- und Düngerbedarf
Verwendung: Beet, Steingarten, Schale, Topf
Hinweise: Bei Verwendung als Saisonblüher nach dem Verblühen in den Garten auspflanzen

Ranunculus asiaticus

Ranunkel

Ranunculaceae

III–V

Herkunft: Kreta, Südwest-Asien, Kultursorten
Wuchsform: Buschig, kompakt
Höhe: 20–25 cm
Blüte: Dicht gefüllt, fast ballrund, bis 8 cm groß, auf kurzen, starken Stielen; gelb, rosa, rot, violett oder weiß
Blütezeit: März–Mai
Blatt: Handförmig, stark zerteilt; mittelgrün
Standort/Pflege: Sonnig–lichtschattig, kühl; lockere, durchlässige Erde; hoher Wasser- und mäßiger Düngerbedarf
Verwendung: Beet, Balkonkasten, Schale, Topf, Schnittblume
Hinweise: Abgeblühte Blumen ausschneiden, um Nachblüte zu fördern; nach Verblühen einziehen lassen und trocken bis zur nächsten Saison aufbewahren

Saxifraga × arendsii

Moossteinbrech

Saxifragaceae

III–V

Herkunft: Europa, Kreuzung verschiedener Arten
Wuchsform: Moosartig, schwellende Polster, Ausläufer bildend
Höhe: 20 cm
Blüte: Zarte, fünfblättrige, offene Schalen auf dünnem, mehrblütigem Stiel; rosa, rot, lila, weiß oder gelb
Blütezeit: März–Mai
Blatt: Fiederlappig, immergrün; mittelgrün
Standort/Pflege: Lichtschattig bis halbschattig; lockere, nährstoffreiche Erde; hoher Wasser- und mäßiger Düngerbedarf
Verwendung: Beet, Schale, Topf
Hinweise: Keine Staunässe; bei Verwendung als Saisonblüher nach Verblühen in den Garten auspflanzen; verkahlen die Polster in der Mitte, aufnehmen und neu pflanzen
Weitere Arten: Zahlreiche andere Steinbrecharten wie *Saxifraga × urbium*, Porzellanblümchen oder *Saxifraga paniculata*, Rispen-Steinbrech

Tiarella wherryi

Schaumblüte

Saxifragaceae

IV–V

Herkunft: USA, Kultursorten
Wuchsform: Buschig, kompakt
Höhe: 20 cm
Blüte: Winzige fedrige Einzelblütchen, traubenförmig an dünnen aufrechten Stielen; weiß, manchmal rosa überhaucht
Blütezeit: April–Mai
Blatt: Herzförmig, gezackt; lichtgrün; im Herbst rötliche Färbung
Standort/Pflege: Lichtschattig bis halbschattig; nährstoffreiche, humose Erde; hoher Wasser- und mäßiger Düngerbedarf
Verwendung: Bodendecker, Kübel, Topf
Hinweise: Auch nach der Blüte dekoratives Laub, daher auch dauerhaft im Kübel ansprechend
Weitere Arten: *Tiarella cordifolia*: Ausläufer treibend

Viola-Cornuta-Hybriden

Mini-Stiefmütterchen

Violaceae

(III) IV–VI

Herkunft: Europa, Kreuzung verschiedener Arten
Wuchsform: Buschig, kompakt, auch überhängend
Höhe: 20 cm
Blüte: Stiefmütterchenblüten; 2,5–5 cm groß; hell- bis dunkelblau, weiß, gelb oder violett, meist mehrfarbig mit Gesicht oder Zeichnung und schönen Farbkontrasten
Blütezeit: (März) April–Juni
Blatt: Rundlich-oval, gebuchtet, an kurzem Stiel; frischgrün
Standort/Pflege: Sonnig bis lichtschattig; frische, nährstoffreiche Erde; hoher Wasser- und mäßiger Düngerbedarf
Verwendung: Beet, Balkonkasten, Ampel, Schale, Topf
Hinweise: Herbstpflanzung möglich, dann etwas Winterschutz geben; bei Aufstellen der blühenden Töpfe im Zimmer möglichst kühlen Platz wählen, sonst lange, schwache Triebe

Foto: *Viola Cornuta*-Gruppe 'Alpine Summer' F1-Hybride

Viola-Wittrockiana-Hybriden

Stiefmütterchen

Violaceae

(III) IV–VI

Herkunft: Europa, Kreuzung verschiedener Arten
Wuchsform: Buschig, kompakt
Höhe: 20–25 cm
Blüte: Fünfteilig, typische, unterschiedlich große Blütenblätter; bis 10 cm groß; hell- bis dunkelblau, weiß, rot, rosa, orange, gelb, violett oder braun, meist mehrfarbig mit Gesicht oder Zeichnung und schönen Farbkontrasten
Blütezeit: (März) April–Juni
Blatt: Rundlich-oval, gebuchtet, an kurzem Stiel; frischgrün
Standort/Pflege: Sonnig bis lichtschattig; frische, nährstoffreiche Erde; hoher Wasser- und mäßiger Düngerbedarf
Verwendung: Beet, Balkonkasten, Ampel, Schale, Topf
Hinweise: Herbstpflanzung möglich, dann etwas Winterschutz geben; bei Aufstellen der blühenden Töpfe im Zimmer möglichst kühlen Platz wählen, sonst lange, schwache Triebe

Sommerblüher und Strukturpflanzen

Hinter dem Begriff Sommerblüher verbergen sich Pflanzen mit extrem unterschiedlichen Eigenschaften. Gehölze und Einjährige, Zweijährige und Stauden, Schlinger und Bodendecker, aufrecht wachsende Arten und Ampelpflanzen. Gemeinsam ist ihnen allen eines: die sehr lange und zuverlässige Blütezeit.

Zuverlässig lange Blütezeit

Der Grund für diese Eigenschaft liegt in der Heimat der Balkonhelden. Viele der bewährten Arten wie Pelargonien und Fuchsien stammen aus tropischen und subtropischen Regionen. Dort herrschen so günstige Klimabedingungen, dass sie ohne Pause durchblühen können. Dagegen zwingen weniger vom Klima begünstigten Regionen wie die unsrige die Pflanzen dazu, sich auf die frostfreie Zeit zu konzentrieren. Sie blühen innerhalb weniger Wochen und stecken ihre Kraft anschließend nur noch in die Fruchtreife. Umso attraktiver sind für uns natürlich die ausdauernd blühenden Beet-, Balkon- und Kübelpflanzen mit ihrem völlig anderen Lebensrhythmus.

Durchputzen – nicht nur der Schönheit wegen

Ein wenig Unterstützung brauchen sie allerdings auch, um ihre ungeheure Blühleistung vollbringen zu können. Neben Gießen und Düngen ist das regelmäßige Durchputzen ein wichtiger Schritt. Für die meisten Pflanzenfreunde gehört es schon aus ästhetischen Gründen dazu, welke Blätter und Blüten sowie abgeblühte Blütenstände auszubrechen, abzuzupfen, abzuschneiden. Denn nur dann präsentieren die Pflanzen sich in voller Schönheit. Aber nicht nur für das Auge ist diese Pflegemaßnahme wichtig. Sie erhält auch die Blühfreude der Pflanzen. Aufbau und Reife der Samenanlagen erfordern viel Kraft, die für Pflanzenwachstum und den Aufbau von Blüten nicht mehr zur Verfügung steht. Regelmäßiges Entfernen der Samenansätze konzentriert daher die ganze Kraft in Wachstum und Blütenentwicklung.

Blühpausen geschickt umgehen

Ein paar Arten mischen sich unter die ausdauernden Sommerblüher, die nicht immer sicher bis zum Ende der Saison durchblühen. Zu große Hitze kann schuld daran sein. Sie ist für Pflanzen aus subtropischen Regionen das Signal, dass nun die Trockenzeit einsetzt, in der die Witterungsverhältnisse unwirtlich werden. Die Kaskadenblume *(Heterocentron)* reagiert so, die Glockenwinde *(Nolana napiformis)* und auch der Elfensporn *(Diascia)* pausiert ein wenig, wenn die Sonne vom Himmel glüht. Mit gleichmäßigem Gießen und Düngen steuert man dem Impuls, eine Ruhephase einzulegen, entgegen.

Nachlassender Blühfreude vorbeugen

Andere Arten reagieren auf reichlichen Fruchtansatz mit rapide abnehmender Knospenentwicklung. Besonders stark ist das bei der Duftwicke der Fall. Stängel mit voll erblühten Blumen werden daher am besten laufend für die Vase geschnitten. Der Blütenflor entwickelt sich dann umso üppiger. Einjährige Arten wie Duftsteinrich *(Lobularia)*, Sommernelke *(Dianthus chinensis)*, Gauklerblume (*Mimulus*-Hybriden), Elfenspiegel *(Nemesia)* oder

der niedrigen Männertreu *(Lobelia erinus)* starten mit einem üppigen ersten Blütenflor in die Saison. Bei kräftigem Samenansatz tendieren sie dazu, nur noch verhalten zu blühen. Denn ihre Lebensaufgabe haben sie ja bereits weitgehend erfüllt. Kräftiger Rückschnitt und Düngung veranlasst sie zu einem zweiten üppigen Flor.

Blattschmuck- und Strukturpflanzen

Konzentrierte sich die Suche nach neuen attraktiven Beet-, Balkon- und Kübelpflanzen früher ausschließlich auf Blütenpflanzen, so zeichnet sich in jüngster Zeit eine Trendwende ab. Mehr und mehr setzt sich die Erkenntnis durch, dass auch Beet- und Balkonpflanzen nicht allein durch ihre Blüten wirken. Wuchsform, Größe, vor allem aber Blattform und -farbe sind ebenso entscheidend. Die Bedeutung der Blüte kann sogar völlig gegenüber der Attraktivität des Blattwerks zurücktreten.
Je stärker sich dieser Trend durchsetzt, desto mehr neue Arten und Sorten von Blattschmuck- und Strukturpflanzen werden entdeckt. Die Freude am Mischen von Blatt und Blüte wächst. Kaum noch eine Pflanzung kommt ohne die prächtigen Blätter und Triebe aus. Dabei ist ihre Wirkung durchaus unterschiedlich.

Ruhiger Hintergrund

In Silbergrau oder Grün erscheinen Blatt- und Strukturpflanzen edel und zurückhaltend. Sie geben den ruhigen Hintergrund für das lebendige Blühen ab, strukturieren und gliedern das bunte Bild der Pflanzung. Wie ein ruhender Pol steht die Sommerzypresse *(Kochia)* im Blumenbeet oder die streng geschnittene Buchsbaumkugel zwischen Kübeln voll blühender Rosen. Das Lila des Heliotrop, das warme Gelb des Kapkörbchen *(Osteospermum)* im Kübel leuchtet es noch mal so intensiv, wenn es vom kühlen Silbergrün der Silberstrohblume *(Helichrysum petiolare)* begleitet wird.

Klare und auffällige Blattformen

Herzförmig, pfeilförmig, wie ein großer Vogelfuß geformt, so unterschiedlich erscheinen die großen Blätter der Batate. Auch die großen herzförmigen Blätter der *Hosta*, das riesige Laub der Colocasie, das Grün des Sommerefeu, der *Zantedeschia* oder des Rizinus besitzen unverwechselbaren Charakter. Wie ein Kontrapunkt stehen sie neben den Blütenschleiern z. B. des Zweizahn, der Verbenen oder Fächerblumen. Mindestens ebenso spannungsvolle Kontraste liefern die verschiedenen Gräser wie z. B. die Bambus-Arten, das dunkelrote Pfeifenputzergras *(Pennisetum setaceum* 'Rubrum'*)* oder die Bronze-Segge *(Carex petriei* 'Bronze Form'*)*. Die straff aufrechte bzw. bogenförmig überhängende Form wirkt für sich allein, wie auch im Kontext mit den Sommerblühern.

Buntes Farbenspiel

Als echte Konkurrenz für die Sommerblüher treten die bunten Blätter auf. Spitzenreiter dabei ist zweifellos die Buntnessel, die an Farbenpracht den Sommerblumen kaum nachsteht. Orange und Gelb, Limettengrün und Purpur, Violett, Zinnoberrot, Braun und fast Schwarz mischen sich je nach Sorte in immer wieder anderer Kombination auf den Nesselblättern. Sie glühen mit roten Fuchsien um die Wette, setzen sich mit Fleißigen Lieschen in Szene oder entfachen ganz allein im Kübel ein Feuerwerk an Farben. Verhaltener spielen auch *Heuchera*-Arten auf der Klaviatur der Rot-, Purpurgrau- und Silber-Töne. Ziersalbei zeigt überraschendes Violett und Gelb. Zierbataten prangen in Gelbgrün, Purpurrot oder schwärzlichem Blau.

Standorttoleranz

Durch gärtnerische Züchtung entstand nicht nur eine breite Sortenpalette in vielen Farben und Formen. Die Kultursorten sind in der Regel auch toleranter gegenüber den Standortbedingungen als die Wildart. Früher kamen z. B. Fuchsien mit sonnigen Standorten kaum zurecht. Heute gibt es Sorten, die es problemlos an sonnigen Standorten aushalten, sofern sie nur ausreichend gegossen werden. Dennoch können die meisten Sorten ihre ursprünglichen Standortansprüche nicht völlig leugnen. Sie gedeihen am besten, wenn Sonne, Licht, Schatten, Bodenfeuchte und Bodenart dem des heimatlichen Standorts nahe kommen.

Sonnenkinder

Die überwiegende Zahl der Sommerblumen von *Abutilon* bis *Zinnia* sind Sonnenkinder. Sie fühlen sich im vollen Sonnenlicht am wohlsten. Für sie eignet sich ein rundum freier Platz am besten oder eine sich nach Süden öffnende Terrasse, der Südbalkon oder das Brett vor dem Südfenster. Allerdings kann Sonne liebenden, weichblättrigen Arten wie *Datura*, *Hibiscus* und *Tibouchina* die hochsommerliche Mittagshitze auch zu viel werden. Wenn wir von der heißen Terrasse fliehen, haben auch sie gern etwas Schutz, z. B. durch den Sonnenschirm oder den wandernden Schatten eines Baumes.

Sonnenliebhaber mit Schattentoleranz

Mit großer Toleranz fügen sich Begonien, *Cuphea*-Arten, Dahlien, *Felicia*, Lobelien, *Nicotiana*, Efeupelargonie, Studentenblume und viele andere in den ihnen zugewiesenen Standort. Zwar ist Sonne für sie optimal und sie lassen sich problemlos zusammen mit Arten verwenden, die ausschließlich volle Sonne bevorzugen. Sie nehmen es aber auch nicht übel, wenn sie im leichten Schatten stehen. Nach Südost bis Südwest ausgerichtete Plätze sind für sie günstig.

Schattenhelden

Am Naturstandort wachsen Schatten liebende Arten unter hohen Bäumen, wo Hitze und grelles Licht nicht auftreten. Fuchsien – mit Ausnahme der Sonne vertragenden Sorten – Spindelstrauch, Fleißiges Lieschen sowie Edellieschen, Gardenien, *Heterocentron*, *Torenia* und Myrte sind an derartige Bedingungen gewöhnt. Sie mögen aber auch den Wechsel von Licht und Schatten, wie er unter lockeren Gehölzen oft vorkommt. Nur pralle Mittagssonne vertragen sie überhaupt nicht. Dann kommt es leicht zu Verbrennungen an den Blättern. Außerdem klappt der Wassertransport von der Wurzel in die oberirdischen Pflanzenteile nicht immer rasch genug. Dann sterben ganze Triebe nach und nach ab.

Gauchheil, Aucube, Kamelie und Buntnessel wollen möglichst überhaupt nicht in der Sonne stehen. Das macht sie zu idealen Pflanzen für beschattete Höfe und nach Nordwest bis Nordost ausgerichtete Balkone und Terrassen.

Abutilon × hybridum
Schönmalve
Malvaceae

III–X

Herkunft: Brasilien, Kreuzung verschiedener Arten
Wuchsform: Lockerer Strauch, auch als Hochstämmchen gezogen
Höhe: Niedrige Sorten 25–35 cm, hohe Sorten 100–150 cm
Blüte: Je nach Sorte hängende oder aufrecht stehende Blütenglocken; weiß, rosa, rot, orange oder gelb
Blütezeit: März–Oktober
Blatt: Ahornartig, samtig; frischgrün, bei einigen Sorten gelb panaschiert
Standort/Pflege: Sonnig, ohne pralle Mittagssonne, geschützt; nährstoffreiche, durchlässige Erde; hoher Dünger- und Wasserbedarf
Verwendung: Beet, Topf und Kübel
Hinweise: Staunässe und Ballentrockenheit führen zu Blattfall und Schädlingsbefall; Überwinterung hell bei 7–12 °C; kräftiger Rückschnitt nach dem Winter
Weitere Arten: *Abutilon megapotamicum*: mit apart geformten rot-gelben Blüten

Acalypha chamedrifolia (= Acalypha hispaniolae)
Katzenschwanz
Euphorbiaceae

VII–X

Herkunft: Hispaniola (Westindien), Kultursorten
Wuchsform: Buschig, etwas überhängend
Höhe: 25–35 cm
Blüte: Einzelblüten winzig, zu vielen in einem langen, hängenden „Katzenschwanz" angeordnet; rot
Blütezeit: Juli–Oktober
Blatt: Nesselförmig; frischgrün,
Standort/Pflege: Sonnig, ohne pralle Mittagssonne, vor Regen geschützt; nährstoffreiche Erde; hoher Wasser- und Düngerbedarf
Verwendung: Beet, Ampel
Hinweise: Möglichst kalkarmes Wasser nutzen, sonst Eisenmangel, (Gelbfärbung und schlechter Wuchs), sicherheitshalber eisenhaltigen Dünger geben; bei Nässe verkleben und faulen die „Katzenschwänze" leicht; Überwinterung im hellen Zimmer oder Wintergarten möglich
Weitere Arten: *Acalypha wilkesiana:* Nicht winterharter Strauch mit bronze- und kupferfarben panaschierten Blättern

Agapanthus Africanus-Gruppe

Schmucklilie

Alliaceae

VII–IX

Herkunft: Südafrika, Kreuzung verschiedener Arten
Wuchsform: Horstartig
Höhe: Bis 150 cm
Blüte: Doldenblüten aus 30–200 Einzelblüten auf hohem Stiel; hellblau, dunkelblau, seltener weiß
Blütezeit: Juli–September
Blatt: Riemenförmig, überhängend; bis 75 cm lang und 5 cm breit; immergrün;
Blattfarbe: dunkelgrün
Standort/Pflege: Sonnig, nährstoffreiche, durchlässige Erde; hoher Dünger- und Wasserbedarf
Verwendung: Kübel
Hinweise: Robust und unempfindlich; Überwinterung kühl, aber frostfrei
Weitere Arten: *Agapanthus campanulatus*: Zieht im Winter ein, daher dunkle Überwinterung möglich; verträgt leichten Frost

Ageratum houstonianum

Leberbalsam

Asteraceae

VI–X

Herkunft: Mexiko/Guatemala, Kultursorten
Wuchsform: Buschig, aufrecht, kompakt
Höhe: 15–20 cm, Schnittsorten 60 cm
Blüte: Dichte Doldentrauben aus Körbchenblüten; hellblau, dunkelblau, violett oder weiß
Blütezeit: April–Oktober
Blatt: Herzförmig; frischgrün,
Standort/Pflege: Sonnig bis leicht beschattet; humose Erde; hoher Wasser- und mäßiger Düngerbedarf
Verwendung: Beet, Balkonkasten, Schnittblume
Hinweise: Empfindlich gegenüber Staunässe; Verblühtes regelmäßig ausputzen

Foto: *Ageratum houstonianum* 'Blue Mink'

Alcea rosea

Stockrose

Malvaceae

VI–X

Herkunft: Südwest-Asien, Kultursorten
Wuchsform: Buschig, mit hoch aufragenden Blütenstängeln
Höhe: 100–200 cm und mehr
Blüte: Groß, schalenförmig, weit geöffnet; je nach Sorte ungefüllt oder gefüllt; rot, rosa, gelb, orange, weiß, violett oder schwarzrot
Blütezeit: Juni–Oktober
Blatt: Groß, rundlich, leicht gelappt oder gebuchtet, rau behaart; graugrün
Standort/Pflege: Sonnig, warm, windgeschützt; durchlässige, nährstoffreiche, möglichst kalkhaltige Erde; mäßiger Wasser- und Düngerbedarf
Verwendung: Beet, Kübel,
Hinweise: Stockrosen sind nicht sehr langlebig, säen sich aber dort, wo sie sich wohl fühlen, willig aus. Hohe Exemplare unbedingt anbinden, damit die Stängel nicht abknicken

Foto: *Alcea rosea* 'Light Yellow'

Allium schoenoprasum

Schnittlauch

Alliaceae

V–VI

Herkunft: Europa, Asien, Nordamerika, Kultursorten
Wuchsform: Horstig, aufrecht
Höhe: 10–35 cm
Blüte: Winzige Sternblüten in dichten Köpfchen; lilarot
Blütezeit: Mai–Juni
Blatt: Dünne, spitz zulaufende Röhren; Lauchgeruch; dunkelgrün
Standort/Pflege: Sonnig; durchlässige, nährstoffreiche Erde; mäßiger Wasser- und Düngerbedarf
Verwendung: Beet, Kübel, Topf
Hinweise: Bekanntes Küchengewürz, das aber auch optisch viel zu bieten hat, wenn nur behutsam geschnitten wird und Stängel mit Blütenansatz stehen bleiben dürfen, auch Blüten sind essbar
Weitere Arten: Zier-Allium-Arten wie *Allium oreophilum*, Rosenlauch; *Allium moly*, Goldlauch

Alonsoa meridionalis

Alonsoa

Scophulariaceae

VI–IX

Herkunft: Mexiko, Peru, Chile
Wuchsform: Strauchig, aufrecht
Höhe: Bis 60 cm
Blüte: Kurzer Kelch mit fünf unterschiedlich großen Lappen; feuerrot
Blütezeit: Juni–September
Blatt: Elliptisch, kräftig geadert; immergrün; Blattfarbe: Dunkelgrün
Standort/Pflege: Sonnig, hell, luftig; nährstoffreiche, durchlässige Erde; hoher Wasser- und Düngerbedarf
Verwendung: Beet, Sommertopfpflanze
Hinweise: Kühle liebend, daher ideal für schlechtere Sommer; heiße Sonnenplätze meiden; Ballentrockenheit oder Zugluft werden schlecht vertragen
Weitere Arten: *Alonsoa acutifolia*: weiß blühend

Aloysia citriodora (= Lippia citriodora oder L. triphylla)

Zitronenverbene

Verbenaceae

VII–IX

Herkunft: Uruguay, Argentinien, Chile
Wuchsform: Strauchig, locker verzweigt
Höhe: 150 cm
Blüte: Klein; in Rispen angeordnet; weiß
Blütezeit: Juli–September
Blatt: Lanzettlich zugespitzt; 7–10 cm lang; aromatisch duftend (Zitronenduft); hellgrün
Standort/Pflege: Lichter Schatten bis halbschattig; durchlässige Erde; hoher Wasser- und mäßiger Düngerbedarf
Verwendung: Kübel
Hinweise: Aromatischer Tee aus den Blättern (in Frankreich Verveine genannt); Überwinterung hell, möglichst kühl, aber frostfrei; im Frühjahr in Form schneiden, für buschigen Wuchs entspitzen.

Alstroemeria aurea

Inkalilie

Alstroemeriaceae

VI–VIII

Herkunft: Chile, Kultursorten
Wuchsform: Horstig, aufrecht
Höhe: 75–100 cm
Blüte: Weit geöffnete Trichterblüten aus drei rundlichen und drei spitzen Blütenblättern, zwei davon mit lebhafter Zeichnung; rot, orange, gelb, weiß
Blütezeit: Juni–August
Blatt: Schmal, lanzettlich; frischgrün
Standort/Pflege: Vollsonnig; warm; mäßig nährstoffreiche, durchlässige Erde; mäßiger Wasser- und Düngerbedarf
Verwendung: Beet, Kübel, Schnittblume
Hinweise: Keine Staunässe; etwas frostempfindlich, daher im Beet abdecken, im Kübel besser frostfrei aufstellen

Foto: *Alstroemeria aurea* 'Orange King'

Amaranthus caudatus

Garten-Fuchsschwanz

Amaranthaceae

VII–X

Herkunft: Subtropisches Amerika, in Südeuropa eingebürgert, Kultursorten
Wuchsform: Buschig, kräftig, aufrecht
Höhe: 75 cm
Blüte: Einzelblüte klein, in langen dicken Zöpfen angeordnet; purpurrot oder hellgrün
Blütezeit: Juli–Oktober
Blatt: Elliptisch; frischgrün, bei roten Sorten oft rote Adern oder rot überlaufen
Standort/Pflege: Vollsonnig; warm; nährstoffreiche, durchlässige Erde; hoher Wasser- und Düngerbedarf
Verwendung: Beet, Kübel, Schnittblume
Hinweise: Keine Staunässe; sehr frostempfindlich
Weitere Arten: *Amaranthus cruentus:* aufrechte oder fedrige Blütenstände in grün oder rot, 30–50 cm hoch; *Amaranthus tricolor*: grün-rot-cremeweiß getönte Blätter

Anagallis monelli

Gauchheil

Primulaceae

VI–IX

Herkunft: Westlicher Mittelmeerraum, Kultursorten
Wuchsform: Buschig mit feinen, überhängenden Trieben
Höhe/Trieblänge: 25 cm/40 cm
Blüte: Fünfblättrige Einzelblüten; reichblütig; leuchtend königsblau oder lachsorange
Blütezeit: Juni–September
Blatt: Klein, lanzettförmig; dunkelgrün
Standort/Pflege: Lichter Schatten, hell; lockere, durchlässige Erde; hoher Wasser- und Düngerbedarf
Verwendung: Beet, Balkonkasten, Ampel
Hinweise: Bei schlechtem Wetter bleiben die Blüten geschlossen; Hitze und pralle Sonne werden schlecht vertragen; neben ausbreitungsfreudigen Arten wenig konkurrenzstark

Anchusa capensis

Kap-Ochsenzunge

Boraginaceae

VI–IX

Herkunft: Südafrika, Kapregion, Kultursorten
Wuchsform: Buschig, aufrecht
Höhe: 25–50 cm
Blüte: Vergissmeinnicht-artig, in kleinen Wickeln; hellblau, Knospen ins Rosa spielend
Blütezeit: Juni–September
Blatt: Klein, lanzettlich, an zarten Trieben; mittelgrün
Standort/Pflege: Sonnig, warm; lockere, durchlässige Erde; mäßiger Wasser- und Düngerbedarf
Verwendung: Beet, Topf, Schnittblume
Hinweise: Keine Staunässe; bei nasskalter Witterung Gefahr von Mehltaubefall

Angelonia angustifolia

Angelonie

Scrophulariaceae

VI–IX

Herkunft: Mexiko, Kultursorten
Wuchsform: Buschig, aufrecht, weichtriebig
Höhe: 30–45 cm
Blüte: Kurzer fünflappiger Kelch; in lockeren bis 20 cm langen Rispen; rosalila, violett, blau, weiß, auch zweifarbig
Blütezeit: Juni–Oktober
Blatt: Schmal, weidenartig; 5–7 cm; etwas duftend; immergrün; dunkelgrün
Standort/Pflege: Volle Sonne, warm; nährstoffreiche, durchlässige Erde; mäßiger Wasser- und Düngerbedarf
Verwendung: Beet, Kübel, Sommertopfpflanze, Schnittblume
Hinweise: Ungewöhnlich Hitze-tolerant; unkompliziert und gesund, nur empfindlich gegenüber zu viel Nässe, daher nach jedem Gießen abtrocknen lassen; lässt die Blüte nach, befördert Rückschnitt auf etwa die Hälfte einen starken neuen Blütenansatz
Weitere Arten: *Angelonia gardneri*: bis 60 cm hoch

Anisodontea capensis

Kap-Malve

Malvaceae

VI–IX

Herkunft: Südafrika, Kultursorten
Wuchsform: Strauchig, zierlich, meist als Hochstämmchen angeboten
Höhe: 150 cm
Blüte: Malvenblüten, 2–3 cm Durchmesser; außen hell-, innen dunkelrosa
Blütezeit: Juni–September
Blatt: Dreilappig; frischgrün,
Standort/Pflege: Sonnig, warm; nährstoffreiche, durchlässige Erde; hoher Wasser- und Düngerbedarf
Verwendung: Kübel
Hinweise: Überwinterung hell bei 5–12 °C, bei wärmerem Stand Gefahr von Schädlingsbefall; nach dem Winter kräftiger Rückschnitt, um Verzweigung anzuregen

Antirrhinum majus

Garten-Löwenmäulchen

Scophulariaceae

V–X

Herkunft: Südeuropa, Kultursorten
Wuchsform: Buschig, kräftig; niedrige Sorten breit wachsend, z. T. hängend
Höhe: Zwergsorten 15–20 cm, hohe Sorten 70–100 cm
Blüte: Große charakteristische Blüten; hohe, dicht besetzte Rispen; hängende Sorten oft lockere Rispen; weiß, rosa, rot, gelb, orange, purpur, auch zweifarbig
Blütezeit: Mai–Oktober
Blatt: Schmal, lanzettlich; dunkelgrün,
Standort/Pflege: Sonnig, warm; durchlässige Erde; mäßiger Wasser- und Düngerbedarf
Verwendung: Beet, Balkonkasten, Ampel, Schnittblume
Hinweise: Rückschnitt nach dem ersten Blütenflor fördert Durchblühen bis zum Frost; wenig frostempfindlich
Weitere Arten: *Antirrhinum hispanicum*

Arctotis fastuosa

Bärenohr

Asteraceae

V–X

Herkunft: Südafrika, Kreuzung verschiedener Arten
Wuchsform: Buschig, von unten her verzweigt
Höhe: 30–70 cm
Blüte: Gerberaartig, reichblühend; 5–7 cm breit; weiß mit hellvioletter Unterseite oder gelbe und bräunliche Töne, oft andersfarbig gezont
Blütezeit: Mai–Oktober
Blatt: Lanzettlich, gekerbt bis gebuchtet; fein behaart; graublau
Standort/Pflege: Sonnig, warm; leichte, durchlässige Erde; mäßiger Wasser- und Düngerbedarf
Verwendung: Beet, Schnittblume
Hinweise: Nachts und bei Regenwetter schließen sich die Blüten; keine Staunässe; Regen und Kühle hemmen das Wachstum

Argyranthemum frutescens (= Chrysanthemum frutescens)

Straucharmargerite

Asteraceae

V–X (XI)

Herkunft: Kanarische Inseln, Kultursorten
Wuchsform: Strauchig, häufig als Hochstämmchen angeboten
Höhe: 30–70 cm, Hochstämmchen auch über 100 cm
Blüte: Margeritenblüten; reich blühend; meist einfach, aber auch halbgefüllte und gefüllte Sorten; weiß, gelb oder rosa
Blütezeit: Mai–Oktober/November
Blatt: Verkehrt eiförmig, stark gebuchtet oder gefiedert; grün, blaugrün bis silbergrau,
Standort/Pflege: Sonnig, warm; nährstoffreiche, durchlässige Erde; mäßiger Wasser- und Düngerbedarf
Verwendung: Beet, Balkonkasten, Kübel
Hinweise: Keine Staunässe; Verblühtes laufend abschneiden; kühl aber frostfrei überwintern; im Frühjahr fördert Rückschnitt um zwei Drittel den Neuaustrieb

Artemisia dracunculus var. *sativus*

Französischer Estragon

Asteraceae

VIII–X

Herkunft: Südosteuropa, Asien, Kultursorte
Wuchsform: Strauchig, langtriebig, locker
Höhe: 40–60 cm
Blüte: Klein, in lockeren Rispen, wenig auffällig; grünlich
Blatt: Schmal, weidenartig; aromatisch duftend; frischgrün
Standort/Pflege: Sonnig; durchlässige Erde; sehr mäßiger Wasser- und Düngerbedarf
Verwendung: Beet, Kübel
Hinweise: Gewürze für Salate, feine Fleisch- und Fischgerichte; nicht ganz so aromatisch, aber widerstandsfähiger und kräftiger im Wuchs ist *Artemisia dracunculus*, Russischer Estragon
Weitere Arten: *Artemisia* 'Powis Castle': graulaubig mit weichen, farnartigen Blättern; *Artemisia schmidtiana* 'Nana': fein gefiederte, silbergraue Blätter; *Artemisia stelleriana*: eichenblattartige, silbergraue Blätter; alle drei aromatisch duftend

Asteriscus maritimus

Goldtaler

Asteraceae

IV–X (XI)

Herkunft: Mittelmeerraum, Kultursorten
Wuchsform: Buschig, breit, überhängend
Höhe: 20–25 cm
Blüte: Flache Margeritenblüten mit typischer breiter Blütenscheibe, Knospen im grünen Blätterkranz; sehr reich blühend; goldgelb
Blütezeit: April–Oktober (November)
Blatt: Spatelförmig, etwas fleischig; dunkelgrün
Standort/Pflege: Volle Sonne; durchlässige Erde; mäßiger Wasser- und Düngerbedarf
Verwendung: Beet, Balkonkasten, Schale, Ampel
Hinweise: Robust und unempfindlich; regelmäßig ausputzen; kühle, aber frostfreie Überwinterung möglich

---

Astilbe × *arendsii*

Astilbe

Saxifragaceae

VII–IX

Herkunft: Asien, Kultursorten
Wuchsform: Horstig-buschig, aufrecht
Höhe: 50–100 cm
Blüte: Elegante, lockere Rispen, dicht mit winzigen Blütchen besetzt; rot, rosa, violett, weiß
Blütezeit: Juli–September
Blatt: Mehrfach gefiedert, kräftig gezackt; dunkelgrün
Standort/Pflege: Halbschattig, kühl; humose, nährstoffreiche Erde; hoher Wasser- und mäßiger Düngerbedarf
Verwendung: Beet, Kübel
Hinweise: Beliebte Schattenstaude, die aber auch im Kübel sehr dekorativ aussieht; dann aber unbedingt auf kühlen Standort und sehr gleichmäßige Wasserversorgung achten
Weitere Arten: *Astilbe japonica*: als erste blühend; *Astilbe* × *thunbergii*: mit elegant überhängenden Blütenrispen

Foto: *Astilbe* × *arendsii* 'Erika'

Aucuba japonica

Aukube

Aucubaceae

Herkunft: Japan, China, Kultursorten
Wuchsform: Strauchig, aufrecht, dicht
Höhe: 200–500 cm
Blüte/Frucht: Unauffällig, rötlich oder grün; an weiblichen Exemplaren auffällige rote oder gelbe Früchte (giftig!), für Befruchtung männliches Exemplar nahebei erforderlich
Fruchtbesatz: November–Februar
Blatt: Spitzoval, ledrig, glänzend; immergrün; mittel- bis dunkelgrün meist mit gelben Tupfen und Flecken
Standort/Pflege: Halbschattig bis schattig; durchlässige Erde; mäßiger Wasser- und Düngerbedarf
Verwendung: Kübel
Hinweise: Empfindlich gegenüber Nässe, sonst anspruchslos; Überwinterung möglichst kühl; unter 10 °C auch relativ dunkler Standort möglich; über 10 °C leicht Befall mit Schildläusen und Spinnmilbe

Bambus

Bambus-Arten

Poaceae

Herkunft: Meist Südostasien
Wuchsform: Horstig bis strauchartig, kräftige Halme mit dünnen Zweigen, oft elegant überhängend
Höhe: Je nach Art 10–400 cm
Blatt: Lanzenförmig; frischgrün, oft gelb oder weiß gestreift; Halme: grün, gelb, braun oder schwarz, oft schön gezeichnet
Standort/Pflege: Sonnig, warm, windgeschützt; durchlässige, nährstoffreiche Erde; sehr hoher Wasser- und mäßiger Düngerbedarf
Verwendung: Kübel
Hinweise: Bei Trockenheit eingerollte Blätter; Dränageschicht aus Kies im Untergrund verhindert Staunässe; für nicht winterharte Arten sehr großen Kübel wählen, damit Rhizome (Wurzelstöcke) sich ausbreiten können; Überwinterung kühl und sehr hell; ausgepflanzte winterharte, rhizombildende Arten unbedingt mit Rhizomsperre umgeben.
Arten: z. B. *Sasa veitchii*, Zwergbambus 40 cm (abgebildet); *Chimonobambus marmorea*, 100–200 cm, zierlicher, für Kübel sehr geeigneter Bambus; *Fargesia murieliae (Sinarundinaria murielae)*, 200–300 cm, winterhart; und viele andere.

Bassia scoparia (= Kochia scoparia)

Sommerzypresse

Chenopodiaceae

Herkunft: Vorderasien, im Mittelmeerraum eingebürgert, Kultursorten
Wuchsform: Strauchig, oval-rundlich wachsend, reich verzweigt
Höhe: 80–100 cm
Blüte: Unscheinbar
Blütezeit: Juli–September
Blatt: Schmale, linealische Blättchen; hell- oder frischgrün, die Sorte 'Trichophylla' mit dunkelroter Herbstfärbung
Standort/Pflege: Sonnig; sandige Erde; mäßiger Wasser- und Düngerbedarf
Verwendung: Beet, Kübel, Sommerhecke
Hinweise: Anspruchslos; Trockenheit gut vertragend; lässt sich gut in Form schneiden

Begonia 'Dragon Wing'

Drachenflügel-Begonie

Begoniaceae

2 V–X

Herkunft: Südamerika, Kreuzung verschiedener Arten
Wuchsform: Breitbuschig, aufrecht, rasch wachsend
Höhe: 30–50 cm
Blüte: Einfach, 2 große, 2 winzige Blätter; in lockeren Rispen; scharlachrot oder rosa
Blütezeit: Mai–Oktober
Blatt: Herzförmig, etwas schief, glatter Rand; glänzend; bis 10 cm; grün mit bläulichem Schimmer
Standort/Pflege: Sonnig bis halbschattig; humose nährstoffreiche Erde; hoher Wasser- und Düngerbedarf
Verwendung: Beet, Kübel, Ampeln
Hinweise: Hitzetolerant; bei nasskalter Witterung Gefahr von Mehltau-Befall; keine Staunässe; frostempfindlich, daher gegebenenfalls Schutz vor Spätfrost; hell überwintern

Begonia Elatior-Gruppe

Freiland-Elatiorbegonie

Begoniaceae

V–X

Herkunft: Südamerika, Kreuzung verschiedener Arten
Wuchsform: Kompakt, reich verzweigt, aufrecht, deutlich zierlicher als Knollenbegonien
Höhe: 25 cm
Blüte: Rosenartig, locker gefüllt; 5–6 cm; reich blühend; rot, rosa oder orange
Blütezeit: Mai–Oktober
Blatt: Rundlich–herzförmig, gezackt, glänzend, saftreich; dunkelgrün
Standort/Pflege: Mäßige Sonne bis Halbschatten; humose nährstoffreiche Erde; hoher Wasser- und Nährstoffbedarf
Verwendung: Beet, Balkonkasten, Ampel, Topf
Hinweise: Bei nasskalter Witterung Gefahr von Mehltau-Befall; keine Staunässe; nicht mit normalen Zimmer-Elatiorbegonien verwechseln; frostempfindlich, daher gegebenenfalls Schutz vor Spätfrost

Foto: *Begonia*-Elatior 'Charisma Orange'

Begonia Semperflorens-Gruppe

Apfelblütchen, Eisbegonie

Begoniaceae

V–XI

Herkunft: Mittel- und Südamerika, Kultursorten
Wuchsform: Buschig, aufrecht, kompakt
Höhe: 15–30 cm
Blüte: Ungefüllt, 2 große, 2 kleine Blütenblätter, sehr reich und ausdauernd blühend; alle Nuancen von rot, rosa, weiß, selten zweifarbig
Blütezeit: Mai–Frost
Blatt: Rundlich, wenig gezackt; hellgrün, dunkelgrün, bronze, rotgrün, schokoladenfarbig
Standort/Pflege: Sonnig bis halbschattig; geringe Ansprüche an die Erde; mäßiger Wasser- und Düngerbedarf
Verwendung: Beet, Balkonkasten
Hinweise: Unempfindlich gegenüber Hitze und kühlem Regenwetter; frostempfindlich, daher gegebenenfalls Schutz vor Spätfrost

Begonia Tuberhybrida-Gruppe

Hängebegonie

Begoniaceae

V–X

Herkunft: Südamerika; Kreuzung verschiedener Arten
Wuchsform: Überhängend, lange, gut verzweigte, elastische Triebe
Trieblänge: Bis 60 cm
Blüte: Halbgefüllt bis locker gefüllt; in lockere Rispen; orange, rosa, rot, lachsfarben, apricot, weiß
Blütezeit: Mai–Oktober
Blatt: Herzförmig, schmal; zierlich wirkend; dunkelgrün oft rötlich getönt
Standort/Pflege: Sonnig bis halbschattig; humose nährstoffreiche Erde; hoher Wasser- und Düngerbedarf
Verwendung: Balkonkasten, Ampel
Hinweise: Frostempfindlich, daher gegebenenfalls Schutz vor Spätfrost; bildet meist Knollen aus, die überwintert werden können (siehe Knollenbegonien)

Foto: *Begonia* Tuberhybrida 'Heterosis Illumination' Lachsrosa

Begonia Tuberhybrida-Gruppe

Knollenbegonie

Begoniaceae

V–X

Herkunft: Südamerika; Kreuzung verschiedener Arten
Wuchsform: Buschig, kompakt, aufrecht
Höhe: 20–40 cm
Blüte: Ungefüllt, 4-blättrig oder dicht gefüllt; 8–9 cm groß, einige Sorten 12 cm; weiß, gelb, rosa, rot oder orange, auch zweifarbig
Blütezeit: Mai–Oktober
Blatt: Herzförmig, spitz zulaufend, gezackt, meist etwas schief; saftreich; grün, rötlich oder bräunlich
Standort/Pflege: Mäßige Sonne bis Halbschatten, geschützt; humose nährstoffreiche Erde; hoher Wasser- und Düngerbedarf
Verwendung: Beet, Balkonkasten, Ampel, Topf
Hinweise: Bei nasskalter Witterung Gefahr von Mehltaubefall; keine Staunässe; durch große Blüten windanfällig; sehr frostempfindlich, daher gegebenenfalls Schutz vor Spätfrost; Knollen im Herbst rechtzeitig ins Haus holen; im Winter trocken, ohne Erde aufbewahren, im Februar erneut topfen und antreiben

Beta vulgaris var. *cicla*

Bunt-Mangold

Chenopodiaceae

Herkunft: Atlantikküsten, Kultursorten
Wuchsform: Horstig, locker
Höhe: 30–50 cm
Blatt: Dreieckig bis rautenförmig; 15–25 cm lang; je nach Sorte schlanker oder breit-flacher Stiel; hell- bis dunkelgrün, rotgrün, schwarzgrün; Stiel und Blattadern schneeweiß bzw. rot, orange oder gelb
Standort/Pflege: Sonnig; durchlässige Erde; hoher Wasser- und mäßiger Düngerbedarf
Verwendung: Beet, Kübel
Hinweise: Sorten wie 'Bright Lights', 'Bright Yellow', 'Ringo', 'Rubin' oder 'Vulkan' besonders farbintensiv; Farbsorten wie normaler Mangold essbar, allerdings verliert sich die Farbe meist beim Kochen

Bidens ferulifolia

Zweizahn

Asteraceae

V–X

Herkunft: Südliche USA, Mexiko, Kultursorten
Wuchsform: Flach-buschig, locker überhängend, starkwüchsig
Höhe: 15–30 cm
Blüte: Fünfblättrig, einfach, selten leicht gefüllt; sehr reich blühend; gelb
Blütezeit: Mai–Oktober
Blatt: Sehr schmal, stark geschlitzt; hellgrün
Standort/Pflege: Volle Sonne; nahrhafte, durchlässige Erde; hoher Wasser- und Düngerbedarf
Verwendung: Beet, Balkonkasten, Ampel
Hinweise: Sehr wüchsig und konkurrenzstark, daher ausreichend Platz geben, damit sie andere nicht einengt

Bougainvillea glabra

Bougainvillee

Nyctaginaceae

VI–IX

Herkunft: Südamerika, Kultursorten
Wuchsform: Strauchig, rankend, häufig als Hochstämmchen, Kränzchen oder Spalier gezogen
Höhe: Im Kübel bis 300 cm
Blüte: Einzelblüte unscheinbar, von auffälligen Hochblättern umrahmt; Blüte: Weiß; Farbe der Hochblätter: Violett, rosa, rot, weiß, orange
Blütezeit: Juni–September
Blatt: Eirund bis lanzettförmig; mittelgrün
Standort/Pflege: Volle Sonne, so warm wie möglich; nährstoffreiche, durchlässige Erde; hoher Wasser- und Düngerbedarf
Verwendung: Kübel, Topf
Hinweise: Blüten vor allem an den Kurztrieben entstehend, daher Langtriebe einkürzen; wirft im Winter das Laub ab, daher Überwinterung auch an dunklerem Standort möglich
Weitere Arten: Wintergrüne Arten wie *Bougainvillea × buttiana* und *Bougainvillea peruviana*: Überwinterung sehr hell bei 10–15 °C

Brachyscome iberidifolia

Australisches Gänseblümchen

Asteraceae

VI–IX

Herkunft: Australien, Kultursorten
Wuchsform: Buschig, kugelig rund
Höhe: 25 cm
Blüte: Asternartig mit deutlich breiteren Strahlenblüten als *Brachyscome multifida*; blau, violett, weiß mit gelber oder dunkler Mitte
Blütezeit: Juni–September
Blatt: Schmal, fein zerteilt; mittelgrün
Standort/Pflege: Volle Sonne, warm, geschützt; nährstoffreiche, durchlässige Erde; hoher Wasser- und Düngerbedarf
Verwendung: Beet, Balkonkasten, Sommertopfpflanze
Hinweise: Empfindlich gegenüber Nässe und starker Bodenfeuchtigkeit; bei nasskalter Witterung Gefahr von Befall mit Weißer Fliege

Brachyscome multifida

Blaues Gänseblümchen

Asteraceae

V–X

Herkunft: Australien, Kultursorten
Wuchsform: Flach, hängend, feintriebig
Höhe/Trieblänge: 15 cm/bis 50 cm
Blüte: Asternartig, sehr feinblättrig; blau bis violett
Blütezeit: Mai–Frost
Blatt: Nadelartig schmal, fein zerteilt; mittelgrün
Standort/Pflege: Volle Sonne, warm; nährstoffreiche, durchlässige Erde: hoher Wasser- und Düngerbedarf
Verwendung: Beet, Balkonkasten, Ampel
Hinweise: Empfindlich gegenüber Staunässe; Gelbverfärben der Blättchen weist auf Eisenmangel hin, daher grundsätzlich eisenbetonten Mineraldünger geben.
Weitere Arten: *Brachycome melanocarpa*: rosa, Gegenstück zu *Brachycome multifida*, etwas größeres Laub

Brassica oleracea var. *acephala*

Zierkohl

Brassicaceae

(❄) III–IV

Herkunft: Atlantikküste, Kultursorten
Wuchsform: Kopfförmig, kompakt
Höhe: 20 cm, Schnittsorten 60 cm
Blüte: Hohe Blütenstände aus gelben Kreuzblüten an überwinterten Exemplaren im März und April
Blatt: Je nach Sorte glatt, gewellt oder gekraust; grün mit violett, rosa oder weiß; innere Blätter intensiv gefärbt mit nach außen abnehmender Farbintensität, Außenblätter grün mit farbigen Adern
Ausfärbungszeit: September bis November
Standort/Pflege: Bei fertig entwickelten Exemplaren nur ausreichend gießen; für eigene Anzucht Sonne; nährstoffreiche Erde; hoher Wasser- und Düngerbedarf
Verwendung: Töpfe, Schalen, herbstliche Dekorationen
Hinweise: Laubausfärbung erfolgt erst bei Nachttemperaturen von unter 10 °C, früh gekaufte Exemplare färben bei zunehmender Kühle nach; Entfernen vergilbender Blätter am Stängelgrund erhält Köpfe ansehnlich. Wie Kohl essbar

Brassica oleracea var. *botrytis* 'Graffiti'

Violetter Blumenkohl

Brassicaceae

Herkunft: Atlantikküsten; Kultursorte
Wuchsform: Kopfförmig, kompakt
Höhe: 20–30 cm
Blütenstand: Blumenkohlform; intensives Violett
Ausfärbungszeit: Sommer–Herbst
Blatt: Groß, glatt, leicht gezähnt; frischgrün, rötlich getönt
Standort/Pflege: Sonnig; nährstoffreiche Erde; hoher Wasser- und Düngerbedarf
Verwendung: Beet, Kübel
Hinweise: Zur Ausfärbung des Blumenkohls keine Nachtkühle erforderlich; viel Licht verstärkt die Färbung; wie normaler Blumenkohl essbar

Brassica oleracea var. *italica*

Romanesco-Sorten

Brassicaceae

Herkunft: Atlantikküsten; Kultursorte
Wuchsform: Kopfförmig, kompakt
Höhe: 20–30 cm
Blütenstand: Brokkoli-Sorten mit charakteristischen, spiralig aufgebauten, pyramidenförmigen Spitzen; gelbgrün
Ausfärbungszeit: Sommer–Herbst
Blatt: Groß, glatt, leicht gebuchtet; frischgrün
Standort/Pflege: Sonnig; nährstoffreiche Erde; hoher Wasser- und Düngerbedarf
Verwendung: Beet, Kübel
Hinweise: Sehr guter Speisekohl

Brassica oleracea 'Nero di Toscana'

Palmkohl

Brassicaceae

Herkunft: Atlantikküsten; alte italienische Kultursorte
Wuchsform: Rosettenartig, aufrecht
Höhe: 50 cm
Blatt: Palmwedelartig, Blattspitzen leicht überhängend, eingerollte Blattränder, kräftig gerunzelt, bereift; graugrün
Standort/Pflege: Sonnig; nährstoffreiche Erde; mäßiger Wasser- und Düngerbedarf
Verwendung: Beet, Kübel
Hinweise: Verwandter des Grünkohls, wie dieser essbar, mild im Geschmack

Brassica oleracea var. *sabellica* 'Red Bor'

Roter Grünkohl

Brassicaceae

❄ III–IV

Herkunft: Atlantikküste; Kultursorte
Wuchsform: Stammbildend, aufrecht, kräftig
Höhe: 50 cm
Blüte: Vierblättrig; in stattlichem Blütenstand; 100–150 cm hoch; goldgelb
Blütezeit: März–April
Blatt: Stark gekrauste Blätter; 20–30 cm; blaugrün, rot überhaucht mit rosa bis violetten Blattadern
Standort/Pflege: Sonnig; nährstoffreiche Erde; mäßiger Wasser- und Düngerbedarf
Verwendung: Beet, Kübel
Hinweise: Mit zunehmender Kälte verstärkt sich die Farbe; wie normaler Grünkohl essbar, in Schnee und Raureif besonders attraktiv; Blüte im zweiten Jahr

Browallia speciosa

Browallie

Solanaceae

(V–VI) VII–IX

Herkunft: Kolumbien, Kultursorten
Wuchsform: Buschig, aufrecht
Höhe: 20–30 cm
Blüte: Sternförmig; blau oder weiß
Blütezeit: Juli–September, vorkultiviert auch Mai/Juni,
Blatt: Lanzettförmig; frischgrün
Standort/Pflege: Volle Sonne, warm; nährstoffreiche, durchlässige Erde; hoher Wasser- und Düngerbedarf
Verwendung: Beet, Balkonkasten, Sommertopfpflanze
Hinweise: Bei kühlem, regnerischen Wetter geringere Blütenbildung und Gefahr von Befall mit Weißer Fliege und Mehltau

Brugmansia suaveolens (= *Datura suaveolens*)

Engelstrompete

Solanaceae

VII–X

Herkunft: Südostbrasilien, Kultursorten
Wuchsform: Strauchig, baumartig, aufrecht, etwas sparrig
Höhe: 200–300 cm
Blüte: Hängende Trompetenblüten mit auffällig abgespreizten Saumspitzen; bis 30 cm; duftend; weiß, gelb, rosa oder violett
Blütezeit: Juli–Oktober
Blatt: Spitz-eiförmig, kräftig geädert; bis 30 cm; stumpfgrün
Standort/Pflege: Sonnig, aber ohne pralle Mittagssonne, warm, windgeschützt; nährstoffreiche, durchlässige Erde; hoher Wasser- und Düngerbedarf
Verwendung: Kübel
Hinweise: Vorwiegend nachts duftend; nach jedem Kontakt sorgfältig Hände waschen, da starke Giftwirkung; im Winter kühl und luftig stellen; überwintert kahl, daher auch relativ dunkler Überwinterungsort möglich; zu groß gewordene Büsche im Frühjahr zurückschneiden
Weitere Arten: *Brugmansia aurea, Brugmansia × candida* (beide früher *Datura*)

Calamintha grandiflora

Großblütige Bergminze

Lamiaceae

4 V–VIII

Herkunft: Südeuropa, Kleinasien
Wuchsform: Buschig, aufrecht
Höhe: 30–40 cm
Blüte: Kleine Lippenblüten; kräftig violettrot
Blütezeit: Mai–August
Blatt: Eiförmig-spitzoval; aromatisch duftend (Minzgeruch); frischgrün, weiß panaschiert bei *Calamintha grandiflora* 'Variegata'
Standort/Pflege: Sonnig bis lichter Schatten, ohne pralle Sonne; durchlässige Erde; hoher Wasser- und mäßiger Düngerbedarf
Verwendung: Beet, Balkonkasten, Schale
Hinweise: Nicht austrocknen lassen; Rückschnitt nach der Blüte hält die Pflanze kompakt
Weitere Arten: *Calamintha nepeta*, Bergminze

Foto: *Calamintha grandiflora* 'Variegata'

Calceolaria integrifolia

Pantoffelblume

Scophulariaceae

VI–X

Herkunft: Chile, Kultursorten
Wuchsform: Buschig, aufrecht
Höhe: 20–25 cm
Blüte: Pantöffelchen in doldenartigen Rispen; gelb mit großer Leuchtkraft
Blütezeit: Juni–Oktober, frühe Sorten auch April/Mai
Blatt: Spitzoval, leicht gezackt, groß; frischgrün
Standort/Pflege: Volle Sonne bis Halbschatten, warm, nährstoffreiche, durchlässige Erde; hoher Wasser- und Düngerbedarf
Verwendung: Beet, Balkonkasten, Schnittblume
Hinweise: Ausputzen verwelkter Blüten fördert die Ausdauer des Blütenflors; Frühblüher wie 'Golden Bunch' überbrücken die Zeit zwischen Frühjahrs- und Sommerflor, halten aber nicht bis zum Herbst durch
Weitere Arten: *Calceolaria* Herbeohybrida-Gruppe: großblumige Topfpflanzen für die Fensterbank, Winterblüher

Calendula officinalis

Ringelblume

Asteraceae

(❄) VI–X

Herkunft: Südeuropa, Kultursorten
Wuchsform: Buschig, aufrecht
Höhe: Balkonsorten 20–30 cm, Garten- und Schnittsorten bis 70 cm
Blüte: Korbblüten, einfach bis dicht gefüllt; 6–7 cm; alle Schattierungen vom blassen Gelb bis zu dunklem Orange, oft mit dunkler Mitte
Blütezeit: Juni–Oktober, vorgetrieben bereits im Frühjahr
Blatt: Länglichoval; hellgrün
Standort/Pflege: Vollsonnig; durchlässige Erde; mäßiger Wasser- und Düngerbedarf
Verwendung: Beet, Balkonkasten, Schnittblume
Hinweise: Heilpflanze, alte Bauerngartenpflanze; wenig anspruchsvoll; Abschneiden der abgeblühten Blumen verlängert den Flor; in milden Wintern im Freien ausdauernd

Foto: *Calendula officinalis* 'Fiesta Gitana'

Calibrachoa-Hybriden

Zauberglöckchen

Solanaceae

IV–X

Herkunft: Brasilien, Kreuzung verschiedener Arten
Wuchsform: Breit ausladend, überhängend mit biegsamen Trieben
Höhe/Trieblänge:25 cm/50 cm
Blüte: Petunienartig, aber kleiner und stärker geöffnet; sehr reich blühend; rot, purpurn, violett, blau, rosa, gelb, orange, terracotta, oft mit andersfarbigem Schlund
Blütezeit: April–Oktober
Blatt: Klein, spitzoval, fein behaart; frischgrün
Standort/Pflege: Sehr sonnig, windgeschützt; nährstoffreiche, durchlässige Erde; mäßiger Wässer- und hoher Düngerbedarf
Verwendung: Balkonkasten, Kübel, Ampel
Hinweise: Oft unter den Markennamen Millions Bells oder Carillon angeboten; gegen Eisenmangel (gelbe Blätter und stagnierendes Wachstum) mit eisenhaltigem Dünger vorbeugen; empfindlich gegenüber Staunässe und lang anhaltendem Regen

Foto: *Calibrachoa*-Hybriden Million Bells® 'Trailing Blue'

Callistemon citrinus

Zylinderputzer

Myrtaceae

V–VI

Herkunft: Australien, Queensland, Kultursorten
Wuchsform: Strauchig, als Säule, Stämmchen, Kegel oder Spalier gezogen
Höhe: 150–200 cm
Blüte: „Zylinderputzer" aus langen Staubgefäßen gebildet; Kelch und Blütenblätter selbst winzig und unter den Staubgefäßen verborgen; leuchtendrot
Blütezeit: Mai–Juni, Nachblüte im Herbst
Blatt: Schmal, weidenblattförmig, ledrig, immergrün, beim Zerreiben Zitronenduft; mittelgrün
Standort/Pflege: Sehr sonnig, warm; nährstoffreiche, durchlässige Erde; hoher Wasser- und Düngerbedarf
Verwendung: Kübel
Hinweise: Kalkempfindlich, daher mit Regenwasser gießen oder Wasser enthärten; Überwinterung hell und kühl; verhältnismäßig trocken halten, ohne dass der Ballen austrocknet; Austrocknen des Wurzelballens führt zu empfindlichen Schäden
Weitere Arten: *Callistemon laevis*: rot; *Callistemon linearis*: rot; *Callistemon salignus*: hellgelb, rosa, rot, weiß,

Callistephus chinensis

Sommer-Aster

Asteraceae

VII–X

Herkunft: China, Kultursorten
Wuchsform: Niedrige Sorten buschig, hohe straff aufrecht
Höhe: Niedrige Sorten 15–40 cm, hohe 60–90 cm
Blüte: Korbblüten, einfach bis dicht gefüllt, von Kranz grüner, ganzrandiger Blätter umgeben; Strahlenblüten oft geröhrt; 3–5 cm; rot, violett, blau, rosa, weiß, blasses Gelb, auch zweifarbig
Blütezeit: Juli–Oktober
Blatt: Spitzoval, meist gezackt; mittelgrün
Standort/Pflege: Sonnig-warm; nährstoffreiche, durchlässige Erde; mäßiger Wasser- und Düngerbedarf
Verwendung: Beet, Topf, Schnitt
Hinweise: Viele Sorten heute gegen Asternwelke resistent, aber nicht immun; Staunässe fördert Asternwelke; ohne erkennbaren Grund welkende Pflanzen umgehend wegwerfen – nicht auf den Kompost! Möglichst jedes Jahr an anderen Standort pflanzen oder neue Erde verwenden

Camellia japonica

Kamelie

Theaceae

(❄) I–IV

Herkunft: China, Japan, Kultursorten
Wuchsform: Strauchig, elegant aufrecht
Höhe: 200–300 cm
Blüte: Rund, große edel geformte Blumen; ungefüllt, halbgefüllt, anemonenförmig, paeonienförmig oder formal dicht gefüllt; bis 12 cm; weiß, rosa, rot, oft mit dunkleren oder helleren Flecken und Zeichnung
Blütezeit: Januar–April
Blatt: Oval–spitzoval; glänzend, immergrün; dunkelgrün
Standort/Pflege: Lichter Schatten, luftfeucht; humose, leicht saure Erde (Rhododendron-Erde); hoher Wasserbedarf ohne Staunässe; sehr verhalten mit Rhododendron-Dünger düngen
Verwendung: Kübel, Topf
Hinweise: Im Sommer unbedingt nach draußen stellen, im Winter kühl und hell; Sorten wie 'Inspiration' oder 'Donation' überstehen den Winter im Weinbauklima nach entsprechender Abhärtung draußen
Weitere Arten: *Camellia sasanqua*: meist bereits im Herbst blühend

Foto: *Camellia japonica* 'Elegant Beauty'

Campanula medium

Marienglockenblume

Campanulaceae

VI–VII

Herkunft: Südeuropa, Kultursorten
Wuchsform: Blattrosette im ersten Jahr, im zweiten Streckenwachstum zu pyramidal verzweigtem Blütenstand
Höhe: 60–100 cm
Blüte: Krugförmig, auch doppelte und gefüllte Blüten; bis 5 cm; blau, violett, weiß oder rosa
Blütezeit: Juni–Juli
Blatt: Schmal, lanzettlich, leicht gezackt; etwas rau; dunkelgrün
Standort/Pflege: Volle Sonne bis lichter Schatten; nährstoffreiche, lehmige Erde; mäßiger Wasser- und Düngerbedarf
Verwendung: Beet, Schnittblumen
Hinweise: Säen sie sich leicht aus und „wandern" durch den Garten, ohne lästig zu fallen; in harten Wintern schützt eine leichte Reisigabdeckung die Blattrosette
Weitere Arten: Hohe Stauden-Glockenblumen wie *Campanula latifolia*, *Campanula glomerata* und viele andere

Campanula portenschlagiana

Dalmatinische Glockenblume

Campanulaceae

V–VII

Herkunft: Kroatien, Bosnien, Kultursorten
Wuchsform: Polsterförmig, ausgebreitet, Ausläufer treibend
Höhe/Trieblänge: 10–15 cm/20 cm
Blüte: Kurze Glöckchen, sternförmig öffnend; reich blühend; blauviolett
Blütezeit: Mai–Juli, oft Nachblüte im Herbst
Blatt: Herzförmig, kräftig gezähnt, zierlich; hellgrün
Standort/Pflege: Sonnig bis lichtschattig, ohne pralle Mittagssonne; nährstoffreiche, durchlässige Erde; mäßiger Wasser- und Düngerbedarf
Verwendung: Beet, Schale, Topf
Hinweise: Fällt trotz der Ausläufer nicht lästig; Trockenheit wird gut vertragen; wächst gut in Mauerfugen und Steingarten
Weitere Arten: Andere niedrige Arten wie *Campanula poscharskyana*, Hängepolsterglockenblume: langtriebige Ausläufer, hellblaue Sternblüten; *Campanula cochleariifolia*, Zwergglockenblume: zierlichste Art; *Campanula carpatica*, Karpatenglockenblume: offene Schalenblüten, keine Ausläufer

Canna Indica-Gruppe

Indisches Blumenrohr

Cannaceae

VI–XI

Herkunft: Tropisches Nordamerika, Kreuzung verschiedener Arten
Wuchsform: Horstig, aufrecht, stattlich
Höhe: 40–150 cm
Blüte: Groß, asymmetrisch geformt; in endständigen Blütenständen zusammenstehend; leuchtend rot, rosa, orange, gelb, kupfrig, häufig zweifarbig
Blütezeit: Juni–Frost
Blatt: Groß, lanzenförmig; frischgrün, oft rot oder bronzefarben getönt bzw. geadert
Standort/Pflege: Vollsonnig, warm, windgeschützt; nährstoffreiche, durchlässige Erde; sehr hoher Wasser- (Naturstandort an Flussufern!) und hoher Düngerbedarf
Verwendung: Beet, Kübel, Großgefäße
Hinweise: Knolle nach dem ersten Frost aus dem Boden nehmen, zurückschneiden und trocken bei etwa 10 °C aufbewahren; ab März erneut antreiben und nach den Eisheiligen nach draußen bringen

Capsicum annuum Cerasiforme-Gruppe

Zierpaprika

Solanaceae

VII–X

Herkunft: Mexiko; Kultursorten
Wuchsform: Buschig, aufrecht
Höhe: 30–50 cm
Blüte/Frucht: Radförmig, sechszipflig; einzeln; weiß/Frucht: Je nach Sorte kugelig, schlank, spitz; glänzend; meist von grün über gelb nach rot ausfärbend; aber auch grüngelbe, gelbe, orange und violette Sorten
Blütezeit/Fruchtreife: Ab Juli/ab September
Blatt: Dreieckig bis rautenförmig, ganzrandig; dunkelgrün
Standort/Pflege: Sehr sonnig; nährstoffreiche Erde; mäßiger Wasser- und Düngerbedarf
Verwendung: Beet, Kübel, Topf
Hinweise: Die meisten Zierpaprika besitzen extreme Schärfe und sind daher kaum zum Verzehr geeignet. Ausnahmen sind milde Sorten wie 'Medusa' oder 'Naschzipfel'

Capsicum annuum Grossum-Gruppe

Balkon-Paprika

Solanaceae

VII–X

Herkunft: Mexiko; Kultursorten
Wuchsform: Buschig, aufrecht
Höhe: 35–50 cm
Blüte/Frucht: Radförmig, sechszipflig; einzeln; weiß/Frucht: Je nach Sorte blockförmig, spitz, länglichspitz; glänzend; von grün nach gelb oder rot ausfärbend
Blütezeit/Fruchtreife: Ab Juli/ab September
Blatt: Dreieckig bis rautenförmig, ganzrandig; dunkelgrün
Standort/Pflege: Sehr sonnig; nährstoffreiche Erde; mäßiger Wasser- und Düngerbedarf
Verwendung: Beet, Kasten, Kübel, Topf
Hinweise: Sorten wie 'Luigi' oder 'Multi F1' süßaromatisch, andere wie 'Apache F1' oder 'Cheyenne F1' eher herzhaft scharf; auf Sorten mit Virusresistenz (Tabakmosaik-, Paprikamosaikvirus) achten; hin und wieder werden auch veredelte Paprika z. B. 'Bontempi F1' angeboten, die besonders ertragssicher und ertragreich sind
Weitere Arten: Balkon-Peperoni mit schlanken roten oder gelben Früchten und kräftiger Schärfe

Foto: *Capsicum annuum* Grossum-Gruppe 'Mini'

Catharanthus roseus

Zimmer-Vinca, Catharanthe

Apocynaceae

♃ IV–X

Herkunft: Madagaskar, Kultursorten
Wuchsform: Buschig, aufrecht bis leicht überhängend
Höhe: 20–40 cm, überwinterte Exemplare auch höher
Blüte: Radförmig, aus fünf, leicht überlappenden Blütenblättchen zusammengesetzt; rosa, rot, purpurn, pink, weiß, violett, oft mit andersfarbigem Auge
Blütezeit: April–Oktober
Blatt: Elliptisch; glänzend; frischgrün, einige Sorten auch mit dunkelgrünem Laub
Standort/Pflege: Vollsonnig, warm; durchlässige, nährstoffreiche Erde; mäßiger Wasser- und Düngerbedarf
Verwendung: Beet, Ampeln, Balkonkästen, Töpfe, Kübel
Hinweise: Früher meist als Zimmerpflanze kultiviert; Sorten wie 'Sunshower' eignen sich aber sehr gut für draußen, wollen dann möglichst sonnig und heiß stehen

Foto: Catharanthus roseus 'Cora™ Apricot'

Celosia argentea Cristata-Gruppe

Hahnenkamm-Celosie

Amaranthaceae

VI–IX

Herkunft: Tropisches Afrika, Kultursorten
Wuchsform: Buschig, aufrecht
Höhe: 15–40 cm, Schnittsorten 70–90 cm
Blüte: Einzelblüten winzig; breite und z. T. monströs verbänderte Blütenstände, mal eher flach, mal zur dicken Kugel gekräuselt; leuchtend rot, scharlach, gelb oder orangerot
Blütezeit: Juni–September
Blatt: Rautenförmig, groß, etwas weich; mittelgrün mit oft farbigen Adern
Standort/Pflege: Vollsonnig, warm; durchlässige Erde; mäßiger Wasser- und Düngerbedarf
Verwendung: Beet, Sommertopfpflanze, Schnittblume, Trockenblume
Hinweise: Kühles Regenwetter wird schlecht vertragen, sehr frostempfindlich

Celosia argentea Plumosus-Gruppe

Federbusch-Celosie

Amaranthaceae

VI–IX

Herkunft: Tropisches Afrika, Kultursorten
Wuchsform: Buschig, aufrecht
Höhe: 25–70 cm
Blüte: Einzelblüten winzig; reich verzweigte, fedrige Blütenstände; leuchtend rot, rosa, scharlach, gelb oder orangerot
Blütezeit: Juni–September
Blatt: Rautenförmig, groß, etwas weich; mittelgrün mit oft farbigen Adern
Standort/Pflege: Vollsonnig, warm; durchlässige Erde; mäßiger Wasser- und Düngerbedarf
Verwendung: Beet, Sommertopfpflanze, Schnittblume, Trockenblume
Hinweise: Kühles Regenwetter wird schlecht vertragen, sehr frostempfindlich
Weitere Arten: Siehe unter Herbst *Celosia* 'Venezuela'

Centradenia inaequilateralis

Kaskadenblume

Melastomataceae

2 V–X

Herkunft: Mexiko, Kultursorten
Wuchsform: Buschig, reich verzweigt, überhängend
Höhe: 20–30 cm
Blüte: Vierblättrig, purpurlila
Blütezeit: Mai/Juni–Oktober
Blatt: An Fuchsienlaub erinnernd; glänzend kupfergrün
Standort/Pflege: Sonnig, aber ohne Mittagshitze, bis lichtschattig; etwas Regenschutz geben; lockere, nährstoffreiche Erde; mäßiger Wasser- und geringer Düngerbedarf
Verwendung: Balkonkasten, Ampel, Kübel
Hinweise: Oft auch als *Heterocentron* bezeichnet; in sehr warmen Sommern nicht sicher durchblühend; kühle Überwinterung möglich

Cestrum elegans

Hammerstrauch

Solanaceae

IV–IX

Herkunft: Mexiko, Kultursorten
Wuchsform: Strauchig, in der Jugend straff aufrecht, später bogig überhängend; auch als Stämmchen angeboten
Höhe: Bis 300 cm
Blüte/Frucht: Röhrenblüten, in langen Rispen an den Trieb-Enden; purpurrot; dunkelrote saftige Beeren
Blütezeit: April–September
Blatt: Lanzettlich; 7–10 cm lang; stumpfgrün
Standort/Pflege: Vollsonnig, warm; durchlässige Erde; mäßiger Wasser- und Düngerbedarf
Verwendung: Kübel
Hinweise: Nach Ballentrockenheit gelbe Blätter; Überwinterung grün und blühend bei 10–15 °C; unter 10 °C wird Laub abgeworfen, dann eher trocken und dunkel stellen; gute Belüftung des Überwinterungsraumes schützt vor Pilzkrankheiten.
Weitere Arten: *Cestrum aurantiacum*: gelb; *Cestrum nocturnum*: rosa, duftend, immergrün; *Cestrum fasciculatum* 'Newellii': karminrot, immergrün

Chenopodium foliosum

Erdbeerspinat

Chenopodiaceae

VI–VIII

Herkunft: Südeuropa, Vorderasien, Kultursorten
Wuchsform: Buschig, etwas sparrig
Höhe: 50 cm
Blüte/Frucht: Klein, zu vielen in rundlichen Blütenständen in den Blattachseln; grün/Fruchtfarbe: Leuchtend rot
Fruchtreife: Ab Juli
Blatt: Herzförmig bis dreieckig, kräftig gezackt; mittelgrün
Standort/Pflege: Sonnig bis mäßiger Schatten; durchlässige Erde; mäßiger Wasser- und Düngerbedarf
Verwendung: Beet, Kübel, Ampel
Hinweise: Alte Kulturpflanze, deren Blätter wie Spinat verwendet werden können, Früchte essbar, aber wenig Aroma

Choisya ternata

Orangenblume

Rutaceae

II–VI

Herkunft: Mexiko, südliches Nordamerika
Wuchsform: Strauchig, reich verzweigt, dicht belaubt
Höhe: 100–150 cm
Blüte: Einfach, fünfblättrig, an Orangenblüten erinnernd; 3 cm groß; in Trugdolden zusammenstehend; duftend; weiß
Blütezeit: Februar–Juni, Nachblüte im Herbst möglich
Blatt: Oval, ledrig, immergrün: aromatisch duftend; dunkelgrün
Standort/Pflege: Mäßige Sonne; durchlässige, leicht saure Erde; hoher Wasser- und mäßiger Düngerbedarf
Verwendung: Kübel
Hinweise: Empfindlich gegenüber Kalk, daher gegebenenfalls mit Regenwasser gießen oder Wasser enthärten; eisenhaltigen Dünger geben; Jungpflanzen mehrmals stutzen, später alte, blühfaule Zweige entfernen; Überwinterung hell und kühl, wenig gießen; im Weinbauklima Überwinterung draußen möglich
Weitere Arten: *Choisya* 'Aztec Pearl' ist etwas winterhärter

Citrus-Arten

Zitrusbäume

Rutaceae

I–III (–XII)

Herkunft: Südostasien, seit langem im Mittelmeerraum verbreitet, Kultursorten verschiedener Arten
Wuchsform: Strauchig, baumartig, auch als Stämmchen, Pyramide oder Spalier gezogen
Höhe: 80–200 cm
Blüte/Frucht: Ungefüllt, 2–3 cm, duftend; weiß oder rosa; Früchte in Wintermonaten reif, meist essbar
Blütezeit: Januar–März, einige Arten auch ganzjährig, dann aber weniger reich
Blatt: Oval, ledrig, glänzend, immergrün; dunkelgrün
Standort/Pflege: Vollsonnig, warm; schwach saure Erde (spezielle Citruserde im Handel erhältlich); mäßiger Wasser- und Düngerbedarf
Verwendung: Kübel
Hinweise: Sehr bedarfsgerecht wässern: Staunässe verursacht Fäulnis, Trockenheit führt zu Blattfall; als Kübelpflanzen gut geeignet: Zitrone, Limette, Mandarine, Orange, Bergamotte, Kumquat (Fortunella) und Pomeranze; Überwinterung so hell wie möglich bei 10–15 °C, Limetten bei 18 °C
Weitere Arten: *Citrus madurensis* = *Citrofortunella microcarpa*, Orangenbäumchen: ganzjährig wärmebedürftig, daher auch für Zimmerkultur geeignet

Cleome spinosa

Spinnenpflanze

Capparaceae

VII–X

Herkunft: Südamerika, Kultursorten
Wuchsform: Reich verzweigte Büsche
Höhe: 100 cm
Blüte: Einzelblüte spinnenartig aus lang gestielten Blüten- und Staubblättern; in vielblumigen, sich im Laufe des Wachstums verlängernden Trauben; rosa, weiß, violett
Blütezeit: Juli–Oktober
Blatt: 5–7-fach gefingert, groß; dunkelgrün
Standort/Pflege: Voll sonnig, warm; nährstoffreiche, lockere Erde; mäßiger Wasser und hoher Düngerbedarf
Verwendung: Beet, Schnittblume
Hinweise: Braucht verhältnismäßig viel Platz, um sich richtig entwickeln zu können Neu auf dem Markt ist die interspezifische Hybride 'Señiorita Rosalita'. Sie ist deutlich kleinblütiger, trägt kräftiges Rosa und wächst buschig kompakt.

Cobaea scandens

Glockenrebe

Cobaeaceae

VII–X

Herkunft: Mexiko
Wuchsform: Schnell wachsender Schlinger
Höhe: Bis 600 cm
Blüte: Glockenförmig, mit auffälligen, weit herausragenden Staubgefäßen; auf 15–20 cm langen Stielen; bis 8 cm groß; erst weiß, dann lebhaft violett
Blütezeit: Juli–Oktober
Blatt: 2–4 paarig gefiedert, in verzweigter Ranke endend; dunkelgrün mit rotvioletter Herbstfärbung
Standort/Pflege: Vollsonnig, warm; nährstoffreiche, durchlässige Erde; hoher Wasser- und Düngerbedarf
Verwendung: Beet, Balkonkasten, Kübel, auch für Wandbegrünungen
Hinweise: Bietet schnell Sichtschutz auf Zeit, wo dauerhafte Begrünung nicht möglich oder gewollt ist; wächst auch im Halbschatten, dann aber deutlich weniger Blüten; Sorte 'Alba' mit grünlich-weißen Blüten

Coleostephus multicaulis (= Chrysanthemum multicaule)

Gelbe Zwergmargerite

Asteraceae

VI–X

Herkunft: Algerien, Kultursorten
Wuchsform: Buschig, rundlich-kompakt
Höhe: 25 cm
Blüte: Margeritenblüte, sehr reichblühend; goldgelb
Blütezeit: Juni–Oktober
Blatt: Schmal, elliptisch; frischgrün
Standort/Pflege: Vollsonnig, warm; lehmig-humose Erde; mäßiger Wasser- und Düngerbedarf;
Verwendung: Beet, Balkonkasten, Schale
Hinweise: Insgesamt wenig anspruchsvoll; auch in schlechteren Sommern reicher Blütenflor; kurzfristige Trockenheit wird eher vertragen als Nässe

Convolvulus sabatius

Blaue Mauritius

Convolvulaceae

V–VI (X)

Herkunft: Mittelmeerraum; Kultursorten
Wuchsform: Bogig herabhängend
Höhe/Trieblänge: 20 cm/40 cm
Blüte: Windenblüten, öffnen sich nur bei Sonne; hellblau
Blütezeit: Mai–Juni, Nachblüte bis Oktober
Blatt: Oval; graugrün
Standort/Pflege: Voll sonnig, warm; durchlässige Erde; hoher Wasser- und mäßiger Düngerbedarf
Verwendung: Balkonkasten, Ampel, Strukturpflanze
Hinweise: Nicht sehr konkurrenzstark, daher im Kasten neben schwachwüchsige Partner pflanzen; bei Hitze Neigung Blüte einzustellen; für Blüte bis Herbst viel Wasser geben und Samenansätze regelmäßig entfernen; kühle Überwinterung möglich
Weitere Arten: *Convolvulus cneorum*: weiß blühend

Coreopsis rosea

Rosa Mädchenauge

Asteraceae

♃ (❄) VI–IX

Herkunft: Nordamerika, Kultursorten
Wuchsform: horstig, kompakt, aufrecht, sehr zierlich wirkend
Höhe: 30–40 cm,
Blüte: Korbblüte, 3–5 cm groß, auf dünnen Stielen; schalenförmig, einfach; Strahlenblüten breit, an der Spitze charakteristisch gezackt; rosa, rot, orange, gelborange
Blütezeit: Juni–Oktober
Blatt: Sehr schmal, nadelartig, 3–4 cm lang; frischgrün
Standort/Pflege: Vollsonnig; sandig-humose Erde; hoher Wasser- und Düngerbedarf;
Verwendung: Beet, Sommertopfpflanze, Kübel, Topf
Hinweise: Insgesamt zierlicher als die gewohnte *Coreopsis tinctoria*; sehr lichthungrig; gelegentliches Ausputzen hält sie blühfreudig bis weit in den Herbst; sehr empfindlich gegenüber Winternässe, stirbt ohne Nässeschutz meist ab

Foto: *Coreopsis rosea* 'American Dream'

Coreopsis tinctoria

Mädchenauge

Asteraceae

⊙–⊙ VI–X

Herkunft: Nordamerika, Kultursorten
Wuchsform: Buschig, aufrecht
Höhe: 25–40 cm, Schnittsorten 90 cm
Blüte: Korbblüte, 5–6 cm groß, auf langem Stiel; einfach oder dicht gefüllt; Strahlenblüten breit, an der Spitze charakteristisch gezackt; goldgelb, oft mit brauner Zeichnung um die Scheibenblüte
Blütezeit: Juni–Oktober
Blatt: Lanzettlich, 6–8 cm lang; mittelgrün
Standort/Pflege: Vollsonnig; sandig-humose Erde; hoher Wasser- und Düngerbedarf;
Verwendung: Beet, Sommertopfpflanze, Kübel, Schnitt
Hinweise: Gut geeignet für wiesenhafte Sommerblumenpflanzungen; insgesamt anspruchslos, aber keine Staunässe; bei Nachlassen des Blütenflors im Sommer Rückschnitt um gut die Hälfte, kräftige Düngung für zweite Blüte nach 2–3 Wochen
Weitere Arten: Stauden-Mädchenauge wie *Coreopsis lanceolata* und *Coreopsis grandiflora*

Cosmos atrosanguineus

Schwarzes Schmuckkörbchen, Schokoladenblume

Asteraceae

VI–X

Herkunft: Mexiko; Kultursorten
Wuchsform: Horstig-aufrecht
Höhe: 40–60 cm
Blüte: Korbblüte, schalenförmig, einfach; meist mit deutlichem Schokoladenduft; rot, braunrot oder schwarzrot
Blütezeit: Juni–Oktober
Blatt: Am Grunde dahlienartig unpaarig gefiedert, am Stängel lanzettlich; frischgrün
Standort/Pflege: Sonnig, warm; nährstoffreiche, durchlässige Erde; mäßiger Wasser- und Düngerbedarf
Verwendung: Beet, Kübel, Topf
Hinweise: Entwickelt im Laufe des Sommers knollenartige Wurzeln, die sich wie Dahlienknollen überwintern lassen

Foto: *Cosmos atrosanguineus* 'Chocolate'

Cosmos sulphureus

Gelbes Schmuckkörbchen

Asteraceae

VIII–X

Herkunft: Zentral-Amerika; Kultursorten
Wuchsform: Horstig-buschig, halbkugelig
Höhe: Je nach Sorte zwischen 30 und 100 cm
Blüte: Korbblüte, schalenförmig, einfach oder halbgefüllt, 5–7 cm; gelb, orange, rot
Blütezeit: Juli–Oktober
Blatt: Dahlienartig unpaarig gefiedert; frischgrün
Standort/Pflege: Sonnig, warm; nährstoffreiche, durchlässige Erde; mäßiger Wasser- und Düngerbedarf
Verwendung: Beet, Kasten, Kübel, Topf
Hinweise: Besitzt essbare Blätter und Blüten

Foto: *Cosmos sulphureus* 'Ladybird Scarlett'

Cucurbita pepo

Kürbis

Cucurbitaceae

VI–IX

Herkunft: Mittel- bis Nordamerika; Kultursorten
Wuchsform: Flach ausgebreitet kriechend oder am Gerüst rankend, mächtig
Trieblänge: 200–400 cm
Blüte/Frucht: Fünfzipfliger Trichter; einzeln; gelb/Frucht: Rund, länglich oder flach; oft mit Rippen und Warzen; gelb, orange, grün, braun oder cremeweiß, oft mit andersfarbigen Flecken und Mustern
Blütezeit/Fruchtreife: Ab Juni/ab September
Blatt: Herzförmig oder handförmig gebuchtet; bis 30 cm; frischgrün, oft mit silbriger Zeichnung
Standort/Pflege: Sonnig, warm; nährstoffreiche, durchlässige Erde; sehr hoher Wasser- und Düngerbedarf
Verwendung: Beet, Kübel
Hinweise: Reife Kürbisse erkannt man am abgetrockneten Stiel, dann sehr lange haltbar
Weitere Arten: Zierkürbisse: Vielgestaltige Formen, kleinfrüchtig, hartfleischig, sehr lange haltbar, meist bitter, daher nicht genießbar

---

Cuphea hyssopifolia

Japanische Myrte

Lythraceae

IV–X

Herkunft: Mexiko
Wuchsform: Buschig, kompakt
Höhe: 20 cm
Blüte: Kleine Blütenröhre mit fünfzipfliger Krone; lila, purpurn, violett oder weiß
Blütezeit: April/Mai–Oktober
Blatt: Mehrfach gefiedert, Einzelblättchen klein, spitzoval; dunkelgrün
Standort/Pflege: Sonnig; durchlässige Erde; mäßiger Wasser- und Düngerbedarf
Verwendung: Beet, Schale, Topf
Hinweise: Selbstreinigend; langsamwüchsig; wenig konkurrenzstark
Weitere Arten: *Cuphea pallida*: eleganter kleiner Dauerblüher, violette Blüte

Cuphea ignea

Streichholzfuchsie

Lythraceae

V–X

Herkunft: Mexiko
Wuchsform: Buschig, kompakt
Höhe: 30 cm
Blüte: Schmale Röhrenblüten; granatrot mit innen schwarzer, außen weißer Blütenspitze
Blütezeit: Mai–Oktober
Blatt: Fuchsienartig mit kräftiger Mittelader; mittelgrün
Standort/Pflege: Sonnig bis halbschattig; durchlässige Erde; mäßiger Wasser- und Düngerbedarf
Verwendung: Beet, Balkonkasten, Ampel
Hinweise: Insgesamt anspruchslos; Überwinterung hell und kühl, aber frostfrei
Weitere Arten: Siehe *Cuphea hyssopifolia*

Cuphea llavea

Fledermausgesicht

Lythraceae

V–X

Herkunft: Mexiko
Wuchsform: Buschig, leicht überhängend
Höhe: 20 cm
Blüte: Blütenröhre mit zwei auffälligen und vier kleineren ovalen Kronblättern, an eine Maus erinnernd; Röhre dunkles Lilablau, Kronblätter leuchtend rot
Blütezeit: Mai–Oktober
Blatt: Lanzettlich; dunkelgrün
Standort/Pflege: Sonnig; durchlässige Erde; mäßiger Wasser- und hoher Düngerbedarf
Verwendung: Topf, Ampel, kleine Kübel
Hinweise: Bei zu knapper Ernährung sparriger Wuchs, gegebenenfalls leicht zurückschneiden
Weitere Arten: Siehe *Cuphea hyssopifolia*

Cynara cardunculus Scolymus-Gruppe

Artischocke

Asteraceae

♃ (❄) VIII–IX

Herkunft: Europa; Kultursorten
Wuchsform: Horstig, aufrecht
Höhe: 50 cm
Blüte: Dicke Distelblüte mit runder, kräftig beschuppter Knospe; einzeln oder zu zweit auf kräftigem Stiel; violett
Blütezeit: August–September
Blatt: Herzförmig bis spitzoval, tief gekerbt oder geschlitzt, stachelig; bis 40 cm lang; graugrün oder silbergrau
Standort/Pflege: Sonnig, warm; nährstoffreiche, leichte Erde; mäßiger Wasser- und hoher Düngerbedarf
Verwendung: Beet, Kübel
Hinweise: 'Violet de Provence' oder 'Violetta' sind Sorten mit dekorativen violetten Knospen; als Gemüse noch knospig ernten, junge Knospen ganz essbar, bei älteren nur der Blütenboden; durch dicke Packungen Laub oder Stroh vor Winterkälte schützen oder in rauen Lagen aus dem Boden nehmen, in großen Kübel setzen und bis Mai kühl aufbewahren
Weitere Arten: *Cynara cardunculus*, Cardy: Kleinblütiger, Blätter bis 1 m lang

Foto: *Cynara cardunculus* 'Violet de Provence'

Dahlia-Hybriden

Garten-Dahlie

Asteraceae

♃ VII–X

Herkunft: Mexiko, Kreuzung verschiedener Arten
Wuchsform: Buschig, aufrecht
Höhe: Niedrige Sorten 20–50 cm, hohe Sorten bis 120 cm
Blüte: Korbblüte 3–30 cm; alle Formen der Füllung: Einfachblütig: Mignon- und Topmix-Sorten; wenig bis halbgefüllt: Halskrausen-, paeonien-, anemonenblütig; voll gefüllt: Kaktus-, Semikaktus-, Schmuck-, Ball-, Pompon-Dahlien; rot, rosa, weiß, gelb, orange oder violett, oft zweifarbig
Blütezeit: Juli–Oktober
Blatt: Grundblätter fünfteilig, Stängelblätter einfach; gesägt; mittel- bis dunkelgrün, rotbraun, schwärzlich
Standort/Pflege: Sonnig bis halbschattig; nährstoffreiche, durchlässige Erde; hoher Wasser- und Düngerbedarf
Verwendung: Beet, Balkonkasten, Kübel, Schnittblume
Hinweise: Vor Schnecken schützen; für feste Stiele kalibetont düngen; nach dem ersten Frost Knollen aus dem Boden nehmen, abtrocknen lassen, säubern und dunkel, trocken sowie frostfrei überwintern

Dahlia-Hybriden

Topf-Dahlie

Asteraceae

VI–X

Herkunft: Mexiko, Kreuzung verschiedener Arten
Wuchsform: Buschig, kompakt, aufrecht
Höhe: 20–30 cm
Blüte: Korbblüte 4–5 cm; halbgefüllt oder gefüllt; rot, rosa, weiß, orange, gelb oder violett, auch zweifarbig
Blütezeit: Juni–Oktober
Blatt: Grundblätter fünfteilig, Stängelblätter einfach; gesägt; mittel- bis dunkelgrün
Standort/Pflege: Sonnig bis halbschattig; nährstoffreiche, durchlässige Erde; hoher Wasser- und Düngerbedarf
Verwendung: Beet, Balkonkasten, Kübel, Topf
Hinweise: Wichtige Sorten: Dalina- und Dahlietta-Serien; können bis zu einem Monat im Zimmer blühen, danach ins Freie; vor Schnecken schützen; nach dem ersten Frost Knollen aus dem Boden nehmen, abtrocknen lassen, säubern und dunkel, trocken sowie frostfrei überwintern

Foto: *Dahlia* 'Dalina Amazone'

Dianthus barbatus

Bartnelke

Caryophyllaceae

VI–VIII

Herkunft: Südeuropa, Kultursorten
Wuchsform: 1. Jahr Blattrosette, 2. Jahr horstig
Höhe: 40–60 cm, niedrige Sorten 20–25 cm
Blüte: Einzelblüten fünfblättrig, radförmig, selten gefüllt; in schirm- oder ballartigen Dolden von 8–10 cm Breite; weiß, rot, rosa, violett, oft mit weißem Rand oder Auge;
Blütezeit: Juni–August
Blatt: Schmal lanzettlich; dunkelgrün
Standort/Pflege: Sonnig; nährstoffreiche, kalkhaltige Erde; mäßiger Wasser- und Düngerbedarf
Verwendung: Beet, Sommertopfpflanze, Schnittblume
Hinweise: Insgesamt anspruchslos; bei Überwinterung im Freien leichte Reisigdecke als Schutz vor Kahlfrost geben
Weitere Arten: Staudennelken wie *Dianthus plumarius*, Federnelke; *Dianthus gratianopolitanus*, Pfingstnelke; *Dianthus carthusianorum*, Karthäusernelke

Dianthus caryophyllus

Gartennelke

Caryophyllaceae

VII–X

Herkunft: Mittelmeerraum, Kultursorten
Wuchsform: Buschig, je nach Sorte aufrecht oder mit überhängenden Stängeln
Höhe: Niedrige Sorten 20–25 cm, hohe 50–70 cm
Blüte: Bis 6 cm große, dicht gefüllte Nelkenblüten; reich blühend; duftend; rot, rosa, weiß, orange, gelb
Blütezeit: Juli–Oktober
Blatt: Schmal lanzettlich; dunkelgrün
Standort/Pflege: Sonnig, warm, windgeschützt; nährstoffreiche Erde; mäßiger Wasser- und Düngerbedarf
Verwendung: Beet, Balkonkasten, Schnittblume
Hinweise: Auch Gebirgs-Hängenelken gehören in diese Gruppe; bei andauernder Regennässe und feuchtem Boden leicht Befall mit Pilzkrankheiten; beim Gießen Pflanzen möglichst nicht benetzen; Entfernen abgeblühter Blumen fördert die Nachblüte
Weitere Arten: Siehe *Dianthus barbatus*

Dianthus chinensis

Sommernelke

Caryophyllaceae

V–IX

Herkunft: China, Kultursorten
Wuchsform: Buschig, kompakt
Höhe: 25–30 cm
Blüte: Radförmig mit fünf fein gezackten Blütenblättern, ungefüllt; 2–5 cm; rot, rosa, weiß, oft zweifarbig
Blütezeit: Mai–September
Blatt: Schmal lanzettlich; dunkelgrün
Standort/Pflege: Vollsonnig, warm; nährstoffreiche Erde; mäßiger Wasser- und Düngerbedarf
Verwendung: Beet, Balkonkasten, Schale, Sommertopfpflanze
Hinweise: Etwas nässeempfindlich; meist Blühpause nach erstem Flor, kräftiger Rückschnitt und Düngung fördert zweiten Flor bis in den Herbst
Weitere Arten: Siehe *Dianthus barbatus*

Diascia-Hybriden

Elfensporn

Scrophulariaceae

VI–X

Herkunft: Südafrika, Kreuzung verschiedener Arten
Wuchsform: Buschig, halbhängend, feintriebig
Höhe/Trieblänge: 20 cm/40 cm
Blüte: Kelchförmig mit fünf unterschiedlich großen Lappen öffnend; kräftig gespornt; rot, rosa, orange
Blütezeit: Juni–Oktober
Blatt: Herzförmig; frischgrün
Standort/Pflege: Vollsonnig, warm; nährstoffreiche Erde; mäßiger Wasser- und Düngerbedarf
Verwendung: Balkonkasten, Ampel
Hinweise: Staunässe und Trockenheit vermeiden; etwas empfindlich bei Dauerregen; leichte Blühpause Ende Juli; nicht sehr konkurrenzkräftig, daher nur mit ähnlich langsam wachsenden Arten kombinieren; erträgt leichten Frost
Weitere Arten: *Diascia barberae, Diascia vigilis*

Dichondra argentea

Silberregen

Convolvulaceae

4

Herkunft: Australien, Neuseeland, Kultursorten
Wuchsform: Kriechend, weit überhängend, lange Schleppen bildend
Trieblänge: 90–120 cm
Blüte: Unscheinbar
Blütezeit: Mai–Oktober
Blatt: Halbrund bis rund oder herzförmig; silbergrau
Standort/Pflege: Sonnig bis halbschattig, warm; lockere, durchlässige Erde; mäßiger Wasser- und Düngerbedarf, aber nicht austrocknen lassen
Verwendung: Ampel, Kasten, Schalen, Kübel, Beet
Hinweise: Robuste, rasch wachsende Strukturpflanze; ideal als ruhiger Hintergrund für buntes Blühen, aber auch solo in der Ampel eindrucksvoll; je heller der Standort, desto intensiver die Silberfärbung

Foto: *Dichondra argentea* 'Silver Falls'

Dorotheanthus bellidiformis (= Mesembryanthemum criniflorum)

Mittagsblume

Aizoaceae

VI–XI

Herkunft: Südafrika, Kultursorten
Wuchsform: Flach, kriechend
Höhe: 10 cm
Blüte: Strahlenblüten; 3 cm breit; nur bei Sonnenschein geöffnet; rot, rosa, purpur, orange, oft mit hellerer Mitte
Blütezeit: Juni–Frost
Blatt: Lanzettlich, dickfleischig; hellgrün
Standort/Pflege: Vollsonnig, heiß; durchlässige, magere Erde; sehr geringer Wasser- und Düngerbedarf
Verwendung: Steingarten, Trockenmauer, flache Schale, Balkonkasten,
Hinweise: je heißer der Sommer, desto üppiger der Blütenflor

Eccremocarpus scaber

Schönranke

Bignoniaceae

VI–X

Herkunft: Chile, Kultursorten
Wuchsform: Kletternd, lockerwüchsig
Höhe: 300–500 cm
Blüte: Röhrenförmig, mit kräftiger Unterlippe öffnend; bis 2,5 cm lang, in lockeren, bis 20-blütigen Trauben; orangerot oder -gelb, seltener kirschrot oder reingelb
Blütezeit: Juni–Oktober
Blatt: Doppelt gefiedert, in Ranken endend; immergrün; mittelgrün
Standort/Pflege: Vollsonnig, warm; durchlässige, nährstoffreiche Erde; hoher Wasser- und Düngerbedarf
Verwendung: Beet, Kübel, für Zäune, Spaliere, Balkongitter
Hinweise: Für andauernde Blüte Fruchtstände entfernen; im Weinbauklima bei geschütztem Standort überlebt sie manchmal draußen, dort auch Selbstaussaat möglich; sonst Überwinterung sehr hell bei 5–10 °C, dann sehr sparsam gießen

Echeveria seconda (= Echeveria pumila var. glauca)

Eisblatt

Crassulaceae

♃ IV–VII

Herkunft: Mexiko, Kultursorten
Wuchsform: Rosettenförmig, flach bis kugelig
Höhe: 5–10 cm, Blütenstiele 20–30 cm
Blüte: Glockenförmig, nickend; zu mehreren auf kurzem, kräftigem Stiel, gelborange
Blütezeit: April–Juli
Blatt: Dickfleischig, spatelförmig mit kleiner Spitze; blauweiß bereift; helle Blaugrün-Töne
Standort/Pflege: Vollsonnig; sehr durchlässige Erde; sehr geringer Wasser- und Düngerbedarf
Verwendung: Beet, Balkonkasten, Schale, Topf
Hinweise: Nässeempfindlich; Überwinterung sehr hell, kühl, kaum gießen
Weitere Arten: Viele Arten mit unterschiedlicher Blattform und –farbe, z. B. *Echeveria peacockii*, *Echeveria affinis*

Erigeron karvinskianus

Spanisches Gänseblümchen

Asteraceae

♃ (❄) V–IX

Herkunft: Mexiko, Venezuela, im Mittelmeerraum eingebürgert
Wuchsform: Buschig, kompakt, feine Stiele
Höhe: 20–30 cm
Blüte: An zierliche Gänseblümchen erinnernd; weiß, rot überhaucht
Blütezeit: Mai–September
Blatt: Klein, lanzettlich; hellgrün
Standort/Pflege: Sonnig; durchlässige Erde; sehr geringer Wasser- und Düngerbedarf
Verwendung: Steingarten, Mauerfugen, Balkonkasten, Ampel
Hinweise: Insgesamt robust und genügsam; bei gemischter Pflanzung Nachbarn wählen, die in Farbe und Wuchskraft zurückhaltend sind

Eriobotrya japonica

Japanische Wollmispel

Rosaceae

ħ (❄) IX–XI

Herkunft: Japan, China, im Mittelmeerraum als Obstgehölz kultiviert, Kultursorten
Wuchsform: Strauchig, baumartig, raschwüchsig, stattlich
Höhe: 300 cm, ausgepflanzt auch mehr
Blüte/Frucht: Klein, unscheinbar; cremeweiß/Früchte: Pflaumenartige, gelbe „Nespoli", Reife bei uns eher schwierig
Blütezeit/Fruchtreife: September–November/Februar–März
Blatt: Spitzoval, kräftig geadert, gesägt; weißfilzig behaart; hart; bis 25 cm lang; dunkelgrün,
Standort/Pflege: Sonnig, hell; durchlässige Erde; mäßiger Wasser- und Düngerbedarf
Verwendung: Kübel
Hinweise: Nasse Witterung kann Blattschäden verursachen; bei zu starkem Wuchs vorsichtiger Rückschnitt; im Weinbauklima auch Auspflanzen und Überwinterung draußen möglich, dann auf geschützten Standort achten

Erythrina crista-galli

Korallenstrauch

Fabaceae

ħ VII–IX

Herkunft: Brasilien, Argentinien
Wuchsform: Strauchig, kräftig bedornt
Höhe: 200 cm
Blüte: Großes ovales Schaublatt, Kronblatt die Staubgefäße röhrenartig umhüllend; in Trauben angeordnet; intensiv rot
Blütezeit: Juli–September
Blatt: Dreiteilig, spitzovale Teilblätter; 10–15 cm; ledrig; mittelgrün
Standort/Pflege: Vollsonnig, warm; nährstoffreiche, durchlässige Erde; hoher Wasser- und Düngerbedarf während der Wachstumsphase
Verwendung: Kübel
Hinweise: Keine Staunässe; ab August keine Düngergaben mehr; völlig blattlose Ruhepause von Oktober–März, daher auch dunkle Überwinterung möglich; ältere Pflanzen in dieser Zeit trocken halten; ab April Neuaustrieb, dann Rückschnitt trockener Vorjahrstriebe

Eucomis bicolor

Schopflilie

Hyacinthaceae

♃ (❄) VI–VII

Herkunft: Südafrika, Kultursorten
Wuchsform: Horstig, stattlich
Höhe: 50 cm
Blüte: Einzelblüte sechsteilig; dicht besetzter Blütenschaft, in kräftigem Blattschopf endend; 30–50 cm; weißgrün oft mit purpurnem Saum oder rötlich
Blütezeit: Juni–Juli, danach durch Fruchtansatz weiter dekorativ
Blatt: Riemenförmig, bis 50 cm lang und 10 cm breit; mittelgrün, unterseits braun gepunktet
Standort/Pflege: Vollsonnig; nährstoffreiche, durchlässige Erde; mit Beginn des Austriebs behutsam gießen, nach Abschluss der Blattentwicklung mäßiger Wasser- und Düngerbedarf
Verwendung: Kübel
Hinweise: Insgesamt anspruchslos; in mildem Klima Auspflanzen möglich; Überwinterung trocken, dunkel und kühl im Topf oder wie Dahlienknollen aus der Erde genommen

Euonymus japonicus

Japanischer Spindelstrauch

Celastraceae

♄ (❄) VI–VII

Herkunft: Japan, Korea, Kultursorten
Wuchsform: Strauchig, kompakt, auch als Stämmchen, Säule oder Kugel angeboten
Höhe: 30–100 cm
Blüte/Früchte: Unscheinbar, in 5 cm langen Trugdolden; grünlichweiß/Früchte rosa mit orangefarbenen Samen
Blütezeit: Juni–Juli
Blatt: Verkehrt eiförmig bis schmal elliptisch, fein gesägt; ledrig; immergrün; je nach Sorte 0,5 cm–7 cm; frischgrün mit gelber oder weißer Zeichnung, Rand oder Flecken
Standort/Pflege: Sonnig bis halbschattig, hell, luftig; durchlässige Erde; mäßiger Wasser- und Düngerbedarf
Verwendung: Kübel
Hinweise: Bei zu dunklem Stand verblassen buntblättrige Sorten; Überwinterung hell, unter 10 °C; sehr sparsam gießen, aber Ballen nicht völlig austrocknen lassen; verträgt Schnitt sehr gut
Weitere Arten: Siehe winterharte Gehölze für den Kübel: *Euonymus fortunei*

Foto: *Euonymus japonicus* 'Bravo'

Euphorbia 'Diamond Frost'

Zauberschnee

Euphorbiaceae

IV–X

Herkunft: Südamerika, Kultursorte
Wuchsform: Buschig, rundlich, breit lagernd, sehr zierlich wirkend
Höhe: 30–50 cm
Blüte: Eigentliche Blütchen sehr klein, Schmuckwirkung geht von schmalen, spatelförmigen Hochblättchen rund um die Blüten herum aus; sehr reich und ausdauernd blühend; schneeweiß
Blütezeit: April–Frost
Blatt: Elliptisch, schmal; dunkelgrün
Standort/Pflege: Sonnig bis halbschattig; gut durchlässige Erde; mäßiger Wasser- und Düngerbedarf
Verwendung: Beet, Balkonkasten, Ampel, Kübel
Hinweise: Nestelt sich zwischen anderen Pflanzen hindurch, und umspielt sie, ohne sie zu bedrängen; bei Verletzung tritt weißer Milchsaft aus; sehr frostempfindlich

Euryops chrysanthemoides

Gelbe Strauchmargerite

Asteraceae

IV–IX

Herkunft: Südafrika, Kultursorten
Wuchsform: Strauchig, auch als Stämmchen angeboten
Höhe: 60 cm
Blüte: Margeritenförmig; gelb
Blütezeit: April–September
Blatt: Größer als das der weißen Strauchmargerite, glänzend; frischgrün
Standort/Pflege: Vollsonnig; durchlässige Erde; hoher Wasser- und Düngerbedarf
Verwendung: Kübel
Hinweise: Leicht mit gelben Sorten der Strauchmargerite *(Argyranthemum frutescens)* zu verwechseln

Felicia amelloides

Kap-Aster

Asteraceae

IV–X

Herkunft: Südafrika, Kultursorten
Wuchsform: Buschig, aufrecht, selten als Stämmchen angeboten
Höhe: 30–50 cm
Blüte: Asternartige Blüten auf hohem Stiel; hellblau, dunkelblau oder weiß
Blütezeit: April–Oktober
Blatt: Klein, oval; frischgrün
Standort/Pflege: Sonnig bis leicht beschattet; durchlässige Erde; mäßiger Wasser- und Düngerbedarf
Verwendung: Beet, Balkonkasten, Ampel, Schale
Hinweise: Damit die Blühfreude nicht nachlässt, alte Blütenstände regelmäßig entfernen

Ficus carica

Feigenbaum

Moraceae

Herkunft: Mittelmeerraum, Vorderasien bis Indien, Kultursorten
Wuchsform: Baumförmig, aufrecht, sparrig-locker
Höhe: 200–400 cm
Blüte/Früchte: Fruchtartige Blüte mit kompliziertem Befruchtungsmechanismus; Kultursorten lassen auch ohne Befruchtung Feigen reifen (parthenokarp); Feigenfarbe: Blau, gelb oder grün
Fruchtreife: Herbst
Blatt: Charakteristisch tief gebuchtet; bis 20 cm; frischgrün
Standort/Pflege: Vollsonnig, warm; durchlässige Erde; hoher Wasser und mäßiger Düngerbedarf
Verwendung: Kübel
Hinweise: Abgehärtet leichten Frost ertragend; besonders robuste Sorte: 'Violetta', kann im Weinbauklima auch draußen überwintern; sonst bei Temperaturen zwischen 20° und 10°C aufstellen; auch relativ dunkle Überwinterung möglich, da Laub abwerfend
Weitere Arten: *Ficus sycomorus*, Eselsfeige: Früchte am Stamm bildend

Foeniculum vulgaris var. *azoricum* 'Bronze Leaf'

Bronzeblättriger Knollenfenchel

Apiaceae

2 (❄)

Herkunft: Mediterran, Kultursorten, Farbauslese
Wuchsform: Horstig-buschig, straff aufrecht, am Grunde Knolle ausbildend
Höhe: 50–80 cm
Blüte: Winzig, in lockeren Dolden angeordnet; gelb
Blatt: Sehr stark zerteilt, fadenförmig; aromatisch duftend; bronzegrün
Standort/Pflege: Vollsonnig; leichte, durchlässige Erde; hoher Wasser- und mäßiger Düngerbedarf
Verwendung: Beet, Kübel
Hinweise: Bei früher Pflanzung im Jahr und sommerlicher Hitze Neigung zum Schießen und Blühen, sonst Ausbildung von Knollen, die essbar sind

Fragaria vesca var. *hortensis*

Monatserdbeere

Rosaceae

2 ❄ V–IX

Herkunft: Europa, Kultursorten
Wuchsform: Buschig, Ausläufer treibend
Höhe: 20 cm
Blüte/Frucht: Fünf- bis siebenblättrig, schalenförmig; weiß/Früchte: Nüsschen an roter Scheinfrucht (Blütenboden)
Blütezeit/Fruchtreife: Ab Mai/20–25 Tage nach der Blüte
Blatt: Dreiteilig, seltener fünfteilig; Teilblätter rundlich, kräftig gezähnt; mittelgrün
Standort/Pflege: Vollsonnig, warm; nährstoffreiche, durchlässige Erde; mäßiger Wasser- und Düngerbedarf
Verwendung: Beet, Kübel
Hinweise: Besonders reizvoll sind Kübel mit mehreren Öffnungen, in die Erdbeerpflanzen gesetzt werden können
Weitere Arten: *Fragaria* × *ananassa*, Gartenerdbeere: nur im Mai/Juni tragend

Fuchsia-Hybriden

Fuchsien

Onagraceae

V–X

Herkunft: Mexiko, Peru, Chile, Kreuzung verschiedener Arten
Wuchsform: Buschig, strauchig, auch als Stämmchen oder Spalier gezogen
Höhe: 30–150 cm
Blüte: Kelchröhre in 4 Kelchblätter auslaufend, darunter 4-blättrige Krone mit heraushängendem Stempel und Staubgefäßen; einfach bis dicht gefüllt; alle Nuancen von rot, rosa, weiß, blau, violett; Kelch und Krone oft unterschiedlich gefärbt
Blütezeit: Mai–Oktober
Blatt: Elliptisch; frisch- bis dunkelgrün oder gelb, auch gelb und rot getönt oder geadert
Standort/Pflege: Mäßige Sonne bis Halbschatten; durchlässige Erde; hoher Wasser- und Düngerbedarf
Verwendung: Beet, Balkonkasten, Ampel, Schale, Sommertopfpflanze
Hinweise: Einige neue Sorten ertragen volle Sonne; sehr frostempfindlich; Überwinterung kühl; unter 10 °C, auch dunkel möglich; Während der Überwinterung alle Blatt- und Blütenreste entfernen, um Grauschimmelbefall zu vermeiden

Foto: *Fuchsia*-Hybriden 'Lady Isobel Barnet'

Fuchsia-Fulgens-Hybriden

Traubenblütige Fuchsie

Onagraceae

V–XI

Herkunft: Mexiko, Haiti, Kreuzung verschiedener Arten
Wuchsform: Strauchig, kompakt
Höhe: 80–150 cm
Blüte: Bis 10 cm lange Kelchröhre mit kurzen Kelchblättern und Kronenzipfeln, zu mehreren in Trauben angeordnet; einfach; leuchtend orangerot bis granatrot, oft mit grünen Blütenzipfeln
Blütezeit: Mai–Frost
Blatt: Lanzettlich; dunkel- bis olivgrün, oft rot geadert oder überlaufen
Standort/Pflege: Sonnig bis lichtschattig; durchlässige Erde; hoher Wasser- und Düngerbedarf
Verwendung: Beet, Kübel, Ampel
Hinweise: Frostempfindlich; Überwinterung wärmer als übliche Fuchsien bei 8–10 °C; im Wintergarten durchblühend

Fuchsia magellanica

Scharlachfuchsie

Onagraceae

(❄) V–XI

Herkunft: Süd-Chile, Argentinien, Kultursorten
Wuchsform: Strauchig, zierlich-locker, Triebspitzen elegant überhängend
Höhe: 80–150 cm
Blüte: Sehr schmale Kelchröhre und Krone; einfach; Kelch rot, Krone violett, selten weiß mit blassrosa
Blütezeit: Mai–Frost
Blatt: Lanzettlich; frischgrün, auch weiß, gelb und rot panaschiert und geadert
Standort/Pflege: Mäßige Sonne bis halbschattig; durchlässige Erde; hoher Wasser- und mäßiger Düngerbedarf
Verwendung: Kübel, Staudenbeet, Ampel
Hinweise: Insgesamt robust; in milden Regionen Überwinterung draußen möglich, dann bis auf den Boden zurück frierend, aber im Frühjahr willig wieder austreibend; leichter Winterschutz durch Kompostabdeckung oder Laub; einige Sorten wie 'Riccartonii' oder 'Alba'

Gaillardia × grandiflora

Kokardenblume

Asteraceae

(❄) VII–X

Herkunft: Nordamerika, Kultursorten
Wuchsform: Buschig, aufrecht
Höhe: 30–50 cm
Blüte: Große Korbblüten mit dichtem Kranz von Strahlenblüten um die braune Mitte; meist zweifarbig – Kokarde! – mit schönen Kontrasten zwischen rot oder braun und gelb, seltener einfarbig rot oder fast gelb
Blütezeit: Juli–Oktober
Blatt: Elliptisch, Grundblätter oft kräftig gebuchtet; bis 10 cm lang; frisches, etwas stumpfes Grün
Standort/Pflege: Sonnig, warm; nährstoffreiche, durchlässige Erde; hoher Wasser- und Düngerbedarf
Verwendung: Beet, Kübel, Topf
Hinweise: Sehr empfindlich gegenüber Staunässe; früher fast ausschließlich als Gartenpflanze genutzt, aber aktuelle kompakte Sorten auch sehr gut für Topf und Kübel geeignet; können abgedeckt gut überwintern, sind aber eher kurzlebige Stauden
Weitere Arten: *Gaillardia pulchella*, Einjährige Kokardenblume: wird auch mit dicht gefüllten Blüten angeboten

Foto: *Gaillarda × grandiflora* 'Gallo Dark Bicolor'

Gardenia jasminoides

Gardenie

Rubiaceae

VII–X

Herkunft: Japan, China, Kultursorten
Wuchsform: Strauchig, kompakt, auch niedrige Stämmchen
Höhe: 40–150 cm
Blüte: Rosenartig, dicht gefüllt; duftend; strahlend weiß bis cremegelb
Blütezeit: Juli–Oktober
Blatt: Elliptisch-zugespitzt; bis 7 cm lang; lackartig glänzend; immergrün; mittelgrün
Standort/Pflege: Sehr hell, lichter Schatten, hohe Luftfeuchtigkeit; durchlässige, leicht saure Erde; hoher Wasser- und Düngerbedarf
Verwendung: Kübel, Topf
Hinweise: Ballen immer gleichmäßig feucht halten, ohne Staunässe; mit eisenhaltigem Dünger versorgen; mit Regenwasser gießen oder kalkhaltiges Leitungswasser entkalken; im Winter nicht unter 10 °C; Umtopfen in Azaleen- und Rhododendron-Erde

Gaura lindheimeri

Prachtkerze

Onagraceae

VII–X

Herkunft: Nordamerikanische Prärie, Kultursorten
Wuchsform: Horstig-buschig, graziös, locker
Höhe: 60–80 cm
Blüte: Schmetterlingsflügelartig mit langen Staubgefäßen und Stempel; in lockeren Rispen; weiß, rosa, dunkelrosa,
Blütezeit: Juli–Oktober
Blatt: Lanzettlich, dunkelgrün
Standort/Pflege: Sonnig, warm; durchlässige, kalkhaltige Erde; mäßiger Wasser- und Düngerbedarf
Verwendung: Beet, Kübel, Topf
Hinweise: Nicht sehr langlebig; empfindlich gegen Staunässe; leichten Schutz vor Winternässe geben

Gazania-Hybriden

Gazanien

Asteraceae

VI–IX

Herkunft: Südafrika, Kultursorten
Wuchsform: Horstig, kompakt
Höhe: 15–40 cm
Blüte: Korbblüten auf kurzem Stiel, bis 8 cm groß; gelb, orange, rot, rosa, weiß, auch zweifarbig; meist mit andersfarbiger Zeichnung oder Flammung um die Blumenmitte
Blütezeit: Juni–September
Blatt: Spatelförmig; graugrün, oft Unterseite grau
Standort/Pflege: Volle Sonne, warm; leichte, etwas sandige Erde; mäßiger Wasser- und Düngerbedarf
Verwendung: Beet, Balkonkasten, Sommertopfpflanze
Hinweise: Bei Regen und an schattigem Standort bleiben die Blüten ungeöffnet; verblühte Blumen regelmäßig abschneiden

Genista canariensis (= Cytisus canariensis)

Kanarenginster

Fabaceae

IV–VII

Herkunft: Kanarische Inseln, Kultursorten
Wuchsform: Strauchig, aufrecht, locker, auch als Stämmchen angeboten
Höhe: Bis 200 cm
Blüte: Schmetterlingsblüten in kurzen Trauben; duftend; lebhaft gelb
Blütezeit: April–Juli
Blatt: Dreiteilig, Teilblättchen oval, seidig behaart; bis 1 cm lang; immergrün; hellgrün
Standort/Pflege: Hell, ohne pralle Sonne; nährstoffreiche, durchlässige Erde; hoher Wasser- und Nährstoffbedarf während der Blütezeit, danach mäßig
Verwendung: Kübel, Topf
Hinweise: Überwinterung hell bei 5–10 °C, dann sparsam gießen; Rückschnitt nach der Blüte, um Verzweigung anzuregen, spätestens Ende August, damit Blütenansätze sich noch entwickeln können

Geranium 'Rozanne'

Storchschnabel

Geraniaceae

IV–XI

Herkunft: Kreuzung verschiedener Storchschnabel-Arten
Wuchsform: Buschig, kompakt
Höhe: 40–50 cm
Blüte: Fast kreisrunde Storchschnabelblüte; 6 cm groß; Dauerblüher; violettblau mit heller Mitte
Blütezeit: April–November
Blatt: Handförmig, geschlitzt; frischgrün, lebhafte Rot-Färbung im Herbst
Standort/Pflege: Sonne bis leicht beschattet, sehr hitzetolerant; durchlässige Erde; mäßiger Wasser- und Düngerbedarf
Verwendung: Beet, Balkonkasten, Kübel, Ampel
Hinweise: Überwinterung in Ampel oder Kasten problematisch – Gefahr des Vertrocknens – daher Pflanzen nach dem ersten Frost auspflanzen
Weitere Arten: *Geranium dalmaticum*, Dalmatinischer Storchschnabel; *Geranium macrorrhizum*, Balkan-Storchschnabel und viele andere

Glechoma hederacea 'Variegata'

Bunter Gundermann

Lamiaceae

III–VI

Herkunft: Deutschland, Europa, Farbauslesen
Wuchsform: Flach, Ausläufer treibend, mit feinen Trieben hängend
Höhe/Trieblänge: 15 cm/bis 100 cm
Blüte: Kleine Lippenblüten; violettblau
Blütezeit: März–Juni
Blatt: Rundlich, nierenförmig, fein gesägt; immergrün; frischgrün mit weißen Flecken
Standort/Pflege: Sonnig bis lichter Schatten, keine pralle Sonne; durchlässige Erde; hoher Wasser- und mäßiger Düngerbedarf
Verwendung: Beet, Balkonkasten, Kübel, Schale
Hinweise: Heimische Staude; trotz Ausläufern nicht lästig werdend; auch als Bodendecker für schattige Partien geeignet, sofern kein starker Konkurrenzdruck

Gomphrena globosa

Kugelamarant

Amaranthaceae

VI–X

Herkunft: Tropisches Amerika, Kultursorten
Wuchsform: Buschig, kompakt
Höhe: 15–20 cm, Schnittsorten 30–50 cm
Blüte: Kleine Einzelblüten in kompakten Blütenkugeln zusammenstehend; rot, rosa, purpurn, violett, orange oder weiß
Blütezeit: Juni–Oktober
Blatt: Oval, lang; frischgrün
Standort/Pflege: Volle Sonne, warm; durchlässige Erde; sehr mäßiger Wasser- und Düngerbedarf;
Verwendung: Beet, Sommertopfpflanze, Trockenblume
Hinweise: Anspruchslos und pflegearm; Blütenfarbe auch getrocknet sich kaum verändernd

Gypsophila muralis

Einjähriges Schleierkraut

Caryophyllaceae

V–IX

Herkunft: Mittel- und Osteuropa, Kultursorten
Wuchsform: Buschig, locker, überhängend
Höhe: 15–20 cm
Blüte: Kleine gefüllte, halbgefüllte oder einfache Blüten; weiß oder blassrosa
Blütezeit: Mai–September
Blatt: Klein, schmal; dunkelgrün
Standort/Pflege: Volle Sonne, warm; durchlässige Erde; sehr mäßiger Wasser- und Düngerbedarf
Verwendung: Beet, Ampel, Sommertopfpflanze, Trockenblume
Weitere Arten: *Gypsophila paniculata*, hohes Stauden-Schleierkraut; *Gypsophila repens*, Kriechendes Stauden-Schleierkraut

Hakonechloa macra 'Aureola'

Japangras

Poaceae

VII–X

Herkunft: Japan, Kultursorten
Wuchsform: Horstig, elegant überhängend, bildet Ausläufer ohne lästig zu werden
Höhe: 20–40 cm
Blüte: Bogig überhängende Rispen; wenig auffällig; braungrün
Blütezeit: Juli–Oktober
Blatt: Weich überhängende, schmale, lanzettliche Blätter und Halme; immergrün; goldgelb
Standort/Pflege: Halbschatten, bei ausreichender Bodenfeuchte auch sonnig; humose, nährstoffreiche Erde; hoher Wasser- und mäßiger Düngerbedarf
Verwendung: Beet, Kübel
Hinweise: Neben der grünblättrigen Art noch weitere Sorten wie die weißgrüne 'Albostriata' oder 'Nicolas' mit orangegrünen Spitzen; bei Kahlfrost mit Vlies oder Tannenzweigen abdecken

Helianthus annuus

Sonnenblume

Asteraceae

VII–X

Herkunft: Nordamerika, Kultursorten
Wuchsform: Aufrecht, kräftig, je nach Sorte einstielig oder verzweigt
Höhe: Topfsorten 15–40 cm, hohe Sorten 80–300 cm
Blüte: Korbblüten, bis 20 cm breit; mit breiter Scheibe und kräftigen Strahlenblüten, auch gefüllte Sorten; gelb, orange, rot, braun, auch mehrfarbig
Blütezeit: Juli–Oktober
Blatt: Herzförmig, kräftig geadert; 20 cm und mehr; mittelgrün
Standort/Pflege: Volle Sonne; nährstoffreiche Erde; hoher Wasser- und Düngerbedarf
Verwendung: Beet, Kübel, Topf, Schnittblume
Hinweise: Hohe Sorten sicherheitshalber stützen
Weitere Arten: *Helianthus decapetalus*, Stauden-Sonnenblume, *Helianthus salicifolius*, Weidenblättrige Stauden-Sonnenblume

Foto: *Helianthus annuus* 'Pacino'

Helichrysum apiculatum (= Chrysocephalum apiculatum)

Goldknöpfchen

Asteraceae

V–VII

Herkunft: Australien
Wuchsform: Buschig, breit wachsend
Höhe: 40 bis 80 cm hoch
Blüte: Kleine Knöpfchen, zu mehreren in kompakten Blütenköpfen zusammenstehend; gelb
Blütezeit: Mai bis Juli
Blatt: Klein, schmal; silbrig behaart; graugrün
Standort/Pflege: Sonnig bis halbschattig; durchlässige Erde; mäßiger Wasser- und Düngerbedarf
Verwendung: Beet, Ampel, Bodendecker, Strukturpflanze
Hinweise: Zweige bilden Wurzeln, wo sie dem Boden aufliegen, fallen aber nicht lästig

Helichrysum italicum

Currykraut

Asteraceae

VII–IX

Herkunft: Südwesteuropa, Kultursorten
Wuchsform: Buschig, aufrecht
Höhe: 20–60 cm
Blüte: Runde Knöpfe in lockeren Dolden; goldgelb
Blütezeit: Juli–September
Blatt: Nadelartig schmal; feinfilzig; immergrün; aromatisch duftend; silbergrau
Standort/Pflege: Sonnig; durchlässige Erde; mäßiger Wasser- und Düngerbedarf
Verwendung: Balkonkasten, Kübel, Schale, Topf
Hinweise: Verträgt Rückschnitt gut; junge Triebe als Küchenkraut verwendbar
Weitere Arten: *Helichrysum stoechas*: an Lavendel erinnernd; frostverträglich

Helichrysum petiolare

Silberstrohblume

Asteraceae

VIII–IX

Herkunft: Südafrika, Kultursorten
Wuchsform: Breitbuschig, hängend, starkwüchsig
Höhe/Trieblänge: 20 cm/50 cm
Blüte: Unauffällig
Blütezeit: August–September
Blatt: Rundlich-herzförmig, dichte Behaarung; silbergrün, auch gelblaubige oder weiß panaschierte Sorten
Standort/Pflege: Sonnig bis lichtschattig; durchlässige, nährstoffreiche Erde, mäßiger Wasser- und Düngerbedarf
Verwendung: Beet, Balkonkasten, Ampel,
Hinweise: Passt gut zu starkwüchsigen Arten wie *Biden*s und Surfinia-Petunien; 'Minima' moderat wachsende Sorte; nimmt Trockenzeiten nicht übel; verträgt kräftigen Rückschnitt; leichten Frost überdauernd

Foto: *Helichrysum petiolare* 'Silver'

Heliotropium arborescens

Sonnenwende, Vanilleblume

Boraginaceae

V–X

Herkunft: Peru, Kultursorten
Wuchsform: Buschig, kompakt, auch als Stämmchen gezogen
Höhe: 20–30 cm, als Stämmchen 50 cm
Blüte: Kleine fünfzipflige Blüten, in dichten Wickeln zusammen stehend; stark duftend; blauviolett oder weiß
Blütezeit: Mai–Oktober
Blatt: Spitz-eiförmig, leicht runzlig; 3–9 cm lang; dunkelgrün
Standort/Pflege: Volle Sonne bis lichtschattig; lockere, nährstoffreiche Erde; hoher Wasser- und Düngerbedarf
Verwendung: Beet, Balkonkasten, Ampel, Topf
Hinweise: Überwinterung hell und kühl bei 5–10 °C; dann sparsam gießen, ohne die Blätter zu benetzen

Hibiscus rosa-sinensis

Hibiscus

Malvaceae

II–X

Herkunft: Tropisches Asien, Kultursorten
Wuchsform: Strauchig, etwas sparrig, auch als Stämmchen gezogen
Höhe: 40–200 cm
Blüte: Trichterblüten, 10 cm und mehr; auch gefüllte und gefranste Sorten; rot, weiß, gelb, rosa oder orange, oft mit andersfarbigem Schlund, auffällige Staubgefäße und Stempel
Blütezeit: Februar–Oktober
Blatt: Breit-eiförmig, groß; frischgrün
Standort/Pflege: Sonnig, ohne pralle Mittagssonne; lockere, nährstoffreiche Erde; hoher Wasser- und Düngerbedarf
Verwendung: Kübel, Topfpflanze
Hinweise: Einzelblüten nicht sehr haltbar, aber an wüchsigen Exemplaren laufendes Nachblühen; im Winter sehr hell und sonnig sowie verhaltenes Gießen und Düngen; Temperaturen nicht unter 10 °C; bei falschem Standort und Pflegefehlern schnell Schädlingsbefall
Weitere Arten: *Hibiscus syriacus*, Garten-Eibisch: winterharter, schönblütiger Strauch

---

Hosta-Hybriden

Funkie

Hostaceae

VII–VIII

Herkunft: China, Japan, Korea, Kreuzung verschiedener Arten
Wuchsform: Horstig, mit elegant ausgebreiteten Blättern
Höhe: 20–50 cm, Blütenstände bis 100 cm
Blüte: Sechszipflige Trichter- oder Trompetenblüten; zu vielen in lockeren Rispen an aufrechten Blütenständen; bis 8 cm lang; einige Sorten duftend; violett oder weiß
Blütezeit: Juli–August
Blatt: Breit herzförmig bis oval, einzeln auf kräftigem Stiel, von kräftigen parallelen Adern durchzogen; bis 30 cm lang; je nach Sorte gelb-, hell-, blau- oder dunkelgrün, oft mit gelbem oder weißem Rand, Streifen oder Panaschierung
Standort/Pflege: Mäßig sonnig bis lichtschattig, keine pralle Mittagssonne; gelbliche Sorten sonniger als bläuliche; durchlässige, nährstoffreiche Erde; mäßiger Wasser- und Düngerbedarf
Verwendung: Beet, Kübel
Hinweise: Sehr langlebig und dekorativ; will möglichst ungestört wachsen, daher so wenig wie möglich umpflanzen (Kübel ausreichend groß wählen!); bei zu dunklem Stand vergrünen bunte Sorten

Foto: *Hosta fortunei* 'Aureomarginata'

Humulus japonicus

Japanischer Hopfen

Cannabaceae

VII–VIII

Herkunft: Japan, China, Kultursorten
Wuchsform: Schlingend, üppiges Blätterkleid, rasch Höhe gewinnend
Höhe: 400 cm und mehr
Blüte: Zweihäusig, d. h. es gibt männliche und weibliche Pflanzen; aber nur die weiblichen tragen grüngelbliche Ähren
Blütezeit: Juli–August
Blatt: Tief eingeschnitten, handförmig; mittelgrün, Sorte 'Variegatus' weiß gescheckt
Standort/Pflege: Sonnig bis lichtschattig; durchlässige nährstoffreiche Erde; hoher Wasser- und Düngerbedarf
Verwendung: Kübel oder ausgepflanzt für Zäune, Spaliere und Mauern, auch als wirksamer Sichtschutz
Hinweise: Anspruchslos und robust; sehr rechtzeitig Gerüst zum Klettern geben, Triebe verkümmern sonst; 'Variegatus' muss sonniger stehen als die Art, sonst vergrünen die Blätter
Weitere Arten: *Humulus lupulus*, gemeiner Hopfen: heimische starkwüchsigere Art, als Nutzpflanze angebaut

Hydrangea macrophylla

Hortensie

Hydrangeaceae

(❄) VII–X

Herkunft: Japan, Kultursorten
Wuchsform: Strauchig, breit ausladend
Höhe: 150–200 cm
Blüte: Doldenrispe 10–20 cm; ballförmig aus sterilen Schaublüten zusammengesetzt (Bauernhortensien) oder tellerförmig mit einem Rand von sterilen Schaublüten um die fruchtbare Blüten im Doldeninnern (Tellerhortensien); rosa, weiß, violett, blau, auch zweifarbig
Blütezeit: Juli–Oktober
Blatt: Spitzoval, groß; hellgrün
Standort/Pflege: Hell, aber ohne pralle Sonne; nährstoffreiche, durchlässige Erde; sehr hoher Wasserbedarf und hoher Düngerbedarf
Verwendung: Beet, Kübel, Topf, Schnitt- und Trockenblume
Hinweise: Blütenfarbe bodenabhängig: Für blaue Blüten saure Erde und geringe Gaben von Alaun (Hortensien-Dünger); neutrale Erde für rote, rosa und weiße Blüten; Rückschnitt, sofern nötig, unmittelbar nach der Blüte, dann aber nur schwache Blüte im Folgejahr; Überwinterung kühl, da laubabwerfend auch dunkel möglich
Weitere Arten: Winterharte Gartenhortensien wie *Hydrangea paniculata*, Rispenhortensie; *Hydrangea anomala* subsp. *petiolaris*, Kletterhortensie; *Hydrangea aspera* subsp. *sargentiana*, Samthortensie

Hymenostemma paludosum (= Chrysanthemum paludosum)

Weiße Zwergmargerite

Asteraceae

V–X

Wuchsform: Buschig, aufrecht, kompakt
Höhe: 15–30 cm
Blüte: Einfache Margeritenblüten, 2–5 cm breit, reichblühend; weiß mit gelber Mitte
Blütezeit: Mai–Oktober
Blatt: Tief eingeschnitten oder gebuchtet; frischgrün
Standort/Pflege: Vollsonnig, luftig; nährstoffreiche, durchlässige Erde; mäßiger Wasser- und Düngerbedarf
Verwendung: Beet, Balkonkasten, Schale
Hinweise: insgesamt recht anspruchslos; Verblühtes regelmäßig ausputzen

Hypericum cerastoides

Silberlaubiges Johanniskraut

Clusiaceae

4 VI–VIII

Herkunft: Mittelmeerraum, Kultursorten
Wuchsform: Flach kriechend, überhängend, reich verzweigt, dichte Matten bildend
Höhe/Trieblänge: 15 cm/30 cm
Blüte: Fünfblättrig mit kräftigem Staubblattbündel im Zentrum, frisch zitronengelb
Blütezeit: Juni–August
Blatt: Zierliche elliptische Blättchen, elegant silbergrau-grün
Standort/Pflege: Sonnig bis halbschattig; lockere, gut durchlässige Erde; mäßiger Wasser- und Düngerbedarf
Verwendung: Ampel, Kübel, Topf, Bodendecker, Steingarten
Hinweise: Junge Pflanzen blühen erst im 2. Jahr richtig, vorher als Strukturpflanze nutzen; winterhart, aber bei Kahlfrost kann Verbräunung auftreten, daher als Schutz mit Vlies abdecken
Weitere Arten: *Hypericum calycinum*, Großblütiges Johanniskraut: als Bodendecker bewährt; Hypericum *polyphyllum*, Vielblütiges Johanniskraut: hübsche Steingartenstaude

Foto: *Hypericum cerastoides* 'Silvana'

Hyssopus officinalis

Ysop

Lamiaceae

VI–VIII

Herkunft: Spanien, Frankreich, Kultursorten
Wuchsform: Buschig, etwas sparrig, ungeschnitten leicht auseinander fallend
Höhe: 30–45 cm
Blüte: Kleine Lippenblüten; stahlblau, rosa oder weiß
Blütezeit: Juni–August
Blatt: Schmal, zugespitzt; in mildem Klima immergrün; aromatisch duftend; dunkelgrün
Standort/Pflege: Sonnig; durchlässige, magere Erde; mäßiger Wasser- und Düngerbedarf
Verwendung: Beet, Kübel, Schale, Topf
Hinweise: Buschiger Wuchs durch Rückschnitt im Juni; gut als Küchenkraut verwendbar

Impatiens Neu-Guinea-Gruppe

Edellieschen

Balsaminaceae

V–X

Herkunft: Neu-Guinea, Kreuzung zweier Arten
Wuchsform: Buschig, kräftig, aufrecht bis breit wüchsig, fleischige Triebe
Höhe: Bis 40 cm
Blüte: Flach, fünfblättrig mit kräftigem Sporn; ca. 6 cm breit; reich blühend; rot, rosa, weiß, orange oder karmin;
Blütezeit: Mai–Oktober
Blatt: Lanzettlich, schlanker als beim Fleißigen Lieschen; mittel- bis dunkelgrün, olivefarben, rotgrün, auch mit weißer, gelber oder roter Zeichnung sowie rot geädert
Standort/Pflege: Sonnig bis schattig, aber ohne pralle Mittagssonne, warm, geschützt; nährstoffreiche, durchlässige Erde; hoher Wasser- und Düngerbedarf
Verwendung: Beet, Balkonkasten, Ampel, Topf
Hinweise: Sehr empfindlich gegenüber Staunässe; bei Trockenheit dramatisches Zusammenfallen, aber nach Wassergabe ebenso rasches Aufrichten; sehr frostempfindlich, daher erst bei sicheren Temperaturen ins Freie

Foto: *Impatiens* Neu-Guinea-Gruppe Paradise ™ 'Bonaire'

Impatiens walleriana

Fleißiges Lieschen

Balsaminaceae

V–X

Herkunft: Ostafrika, Kultursorten
Wuchsform: Buschig, flach und gedrungen, fleischige Triebe
Höhe: 20–30 cm
Blüte: Flach, fünfblättrig mit Sporn, auch Sorten mit gefüllten oder muschelförmigen Blüten; 4–5 cm breit; weiß, rosa, rot oder violett, auch zweifarbig gesternt, gezeichnet oder mit Auge
Blütezeit: Mai–Oktober
Blatt: Oval bis rautenförmig; frischgrün
Standort/Pflege: Halbschattig bis schattig; nährstoffreiche, durchlässige Erde; hoher Wasser- und mäßiger Düngerbedarf
Verwendung: Beet, Balkonkasten, Ampel, Schale
Hinweise: Robust und anspruchslos; auf Trockenheit mit dramatischem Zusammenfallen von Blättern und Blüten reagierend, aber meist willig wieder austreibend; an geeigneten Standorten Selbstaussaat möglich
Weitere Arten: Im Wald und an Gewässern verwildert: *Impatiens noli-tangere*, Kräutchen Rühr-mich-nicht-an; *Impatiens parviflora*, Kleines Springkraut; *Impatiens glandulifera*, Großes Springkraut

Foto: *Impatiens walleriana* 'Accent Mischung'

Ipomoea batatas

Batate, Süßkartoffel

Convolvulaceae

Herkunft: Mittelamerika, Kultursorten
Wuchsform: Üppig rankend, kriechend bis überhängend
Höhe: 400 cm
Blüte: Trichterförmig, aber in unserem Klima nicht gebildet
Blatt: Herz-, pfeil- oder handförmig; groß; je nach Sorte glänzend grün, gelblich, rosa-rot panaschiert oder blauschwärzlich
Standort/Pflege: Sonnig, warm; nährstoffreiche, durchlässige Erde; hoher Wasser- und Düngerbedarf
Verwendung: Beet, Kübel
Hinweise: Hoher Wärmebedarf, sonst Kümmerwuchs; Knollen als Süßkartoffeln essbar

Foto: *Ipomoea batata* 'Terrace Lime'

Ipomoea lobata (= *Quamoclit lobata*)

Sternwinde

Convolvulaceae

VI–IX

Herkunft: Südmexiko, Kultursorten
Wuchsform: Schlingend, locker, zierlich wirkend
Höhe: Bis 500 cm
Blüte: Röhrenförmig in stattlichen Rispen; Knospen an der Spitze der Rispen dunkelrot, im Erblühen aufhellend zu blassem Gelb
Blütezeit: Juli bis September
Blatt: Dreilappig, hopfenartig, groß; dunkelgrün
Standort/Pflege: Vollsonnig, warm; nährstoffreiche Erde; mäßiger Wasser- und hoher Düngerbedarf
Verwendung: Beet, Kübel, für Zäune und Rankgerüste
Hinweise: Bereits jungen Pflanzen Stab oder Gerüst geben, sonst Kümmerwuchs

Ipomoea tricolor

Prunkwinde

Convolvulaceae

VII–X

Herkunft: Tropisches Amerika, Kultursorten
Wuchsform: Schlingend, raschwüchsig, locker
Höhe: 300 cm
Blüte: Trichterblüten; blau, im Verblühen rötlich, aber auch Sorten in Rot, Purpurn, Violett, Weiß, oft zweifarbig
Blütezeit: Juli–Oktober
Blatt: Herzförmig; 5–8 cm groß; frischgrün
Standort/Pflege: Sonnig, windgeschützt; nährstoffreiche, durchlässige Erde; hoher Wasser- und Düngerbedarf
Verwendung: Beet, Balkonkasten, Kübel, für Balkongitter, Rankgerüste, Zäune
Hinweise: Blüten nach Bestäubung rasch schließend, aber täglich neue Blüten; bei zu trockenem Stand vergilben die unteren Blätter; rechtzeitig Draht oder Klettergerüst geben, sonst unentwirrbar durcheinander wachsend

Iresine herbstii

Iresine

Amaranthaceae

Herkunft: Brasilien, Kultursorten
Wuchsform: Buschig, aufrecht, ungeschnitten unten verkahlend
Höhe: 20–60 cm
Blüte: Klein, zu vielen in verzweigten Blütenständen zusammenstehend; cremegelb
Blatt: Rundlich; 10 cm; viele Nuancen von Grün bis Purpurrot, mit meist andersfarbigen Blattadern in Gelb, Rosa, Rot
Standort/Pflege: Sonnig bis heller Schatten, keine pralle Sonne, warm; nährstoffreiche, durchlässige Erde; hoher Wasser- und Düngerbedarf
Verwendung: Beet, Kübel, Topf
Hinweise: Für buschigen Wuchs entspitzen; Überwinterung im mäßig beheizten Zimmer möglich
Weitere Arten: *Iresine lindenii*: mit spitzerer Blattform

Ismelia carinata (= Chrysanthemum carinatum)

Bunte Wucherblume

Asteraceae

VII–X

Herkunft: Nordwestafrika, Kultursorten
Wuchsform: Strauchig, verzweigt, dicht belaubt
Höhe: 40–80 cm hoch
Blüte: Große Korbblüten; rot, gelb, orange oder weiß mit andersfarbigem Ring um die dunkle Mitte
Blütezeit: Juli–Oktober
Blatt: Fein gefiedert; graugrün
Standort/Pflege: Sonnig; lockere, durchlässige sogar steinige Erde, kalkhaltig; mäßiger Wasser- und Düngerbedarf
Verwendung: Beet, Balkonkasten, Schnittblume
Hinweise: Durch Entfernen verblühter Blumen Blüte bis zum Frost
Weitere Arten: *Glebionis segetum (Chrysanthemum segetum)*: weitgehend ähnlich, aber ohne Ring in der Blüte, für kalkarme Böden

Isotoma axillaris (= *Laurentia axillaris*)

Laurentie

Campanulaceae

VI–IX

Herkunft: Australien, Kultursorten
Wuchsform: Buschig, kissenartig
Höhe: 20 cm
Blüte: Sternförmig, fünfzipflig; hellblau oder rosa
Blütezeit: Juni–September
Blatt: Schmal, stark gebuchtet; frischgrün
Standort/Pflege: Sonnig bis halbschattig, keine pralle Sonne; nährstoffreiche Erde; hoher Wasser- und Düngerbedarf
Verwendung: Beet, Balkonkasten, Ampel
Hinweise: Sehr zierlicher Dauerblüher; für gute Drainage sorgen
Weitere Arten: *Isotoma fluviatilis*: weiße, blaue oder violette Sternchenblüten

Jasminum polyanthum

Duftjasmin

Oleaceae

III–V

Herkunft: Westchina, Kultursorten
Wuchsform: Schlingend, raschwüchsig, feintriebig
Höhe: 300 cm
Blüte: Sternförmig, fünfzipflig, in lockeren Rispen an den jungen Trieben; duftend; weiß, außen rosa, Knospen rosa
Blütezeit: März–Mai; durch Kultursteuerung auch zu anderen Zeiten
Blatt: Gefiedert; 7–12 cm lang; immergrün; dunkelgrün
Standort/Pflege: Sonnig ohne pralle Mittagssonne; nährstoffreiche, durchlässige Erde; hoher Wasser- und Düngerbedarf
Verwendung: Kübel
Hinweise: Duft in den Abendstunden besonders intensiv; für sicheren Halt ist stabile Rankhilfe nötig; zu groß gewordene Exemplare kräftig zurückschneiden; Überwinterung bei 5–10 °C, dann sparsam gießen
Weitere Arten: *Jasminum officinale*, Echter Jasmin: sommergrüner Sommerblüher; *Jasminum sambac*, Teejasmin: ganzjährig blühend, wärmebedürftig

Lagerstroemia indica

Kreppmyrte

Lythraceae

VII–IX

Herkunft: China, Korea, Kultursorten
Wuchsform: Strauchig bis baumartig, oft als Halb- oder Hochstamm angeboten
Höhe: 300–700 cm
Blüte: Kreppartig gekräuselte Blütenblätter, Einzelblüte 3–4 cm breit, in bis zu 20 cm langen Rispen, oft Blütenschleier um den Baum bildend; weiß, rosa oder purpurrot
Blütezeit: Juli–September
Blatt: Eiförmig, ganzrandig, 3–5 cm lang; mittelgrün
Standort/Pflege: Volle Sonne, Wärme; windgeschützten Platz geben, da etwas brüchige Blütentriebe; nährstoffreiche, durchlässige Erde; insbesondere während Knospen- und Blütenentwicklung hoher Wasser- und Düngerbedarf
Verwendung: Kübel
Hinweise: Weiße und rosa Sorten in unserem Klima blühfreudiger als dunkelblütige; Überwinterung bei 5–10 °C und relativ trocken; Frost bis –10 °C wird vertragen; da Laub abwerfend auch dunkle Überwinterung möglich

Lamium maculatum

Taubnessel

Lamiaceae

VI–VIII

Herkunft: Deutschland, Europa, Kultursorten
Wuchsform: Flach, Ausläufer treibend, überhängend
Höhe/Trieblänge: 20 cm/100 cm
Blüte: Lippenblütler, in Quirlen an beblätterten Blütenständen; weiß oder violett
Blütezeit: Juni–August
Blatt: Herzförmig bis dreieckig, fein gesägt oder gekerbt; grün mit weißem oder silbernem Muster oder Rand bzw. silberweiß mit grüner Äderung
Standort/Pflege: Lichtschattig bis halbschattig; durchlässige, humose Erde; mäßiger Wasser- und Düngerbedarf
Verwendung: Beet, Balkonkasten, Ampel, Topf
Hinweise: Auch als Bodendecker für schattige Gartenpartien gut geeignet
Weitere Arten: *Lamium galeobdolon*, Goldnessel (oft als *Lamiastrum* geführt): sehr ähnlich wie *L. maculatum*, aber gelbe Blüten, etwas lockerer im Wuchs

Lampranthus spectabilis

Mittagsblume

Aizoaceae

VII–IX

Herkunft: Südafrika, Kultursorten
Wuchsform: Strauchig, ausgebreitet
Höhe: 40 cm
Blüte: Korbblüten bis 6 cm breit; rot, orange, rosa oder gelb
Blütezeit: Juli–September
Blatt: Eckig, paarweise angeordnet, dickfleischig; dunkelgrün bis blaugrün
Standort/Pflege: So viel Sonne und Wärme wie möglich; trockene, durchlässige Erde; sehr geringer Wasser- und Düngerbedarf
Verwendung: Kübel, Schale, Topf
Hinweise: Auf gute Drainage achten; Überwinterung hell und kühl, Temperaturen möglichst nicht unter 5 °C

Lantana camara

Wandelröschen

Verbenaceae

V–X

Herkunft: Tropisches Amerika, Kultursorten
Wuchsform: Strauchig, leicht sparrig, oft als Hochstämmchen angeboten
Höhe: 50–300 cm
Blüte: Kleine Röhrenblüten, zu vielen in rundlichen Dolden; Blütenfarbe wandelnd, daher Dolden meist mehrfarbig: dunkelrosa mit gelb, rosa mit weiß, rot mit orange, weiß mit gelb, aber auch einfarbig gelb oder cremeweiß
Blütezeit: Mai–Oktober
Blatt: Herzförmig, leicht runzlig; dunkelgrün
Standort/Pflege: Volle Sonne, luftig; durchlässige, nährstoffreiche Erde; mäßiger Wasser- und Düngerbedarf
Verwendung: Beet, Kübel, Ampel
Hinweise: Alle Teile der Pflanze sind giftig; bei Trockenheit Einrollen der Blätter; Überwinterung hell und luftig bei 5–10 °C; im Frühjahr kräftiger Rückschnitt; junge Triebe mehrfach entspitzen, um Verzweigung anzuregen
Weitere Arten: *Lantana montevidensis*: niederliegend, ausgebreitet wachsend

Lathyrus odoratus

Duftwicke

Fabaceae

VI–IX

Herkunft: Mittelmeerraum, Kultursorten
Wuchsform: Rankend, locker; auch buschige Sorten
Höhe: Bis 200 cm; nicht rankende Sorten 20–50 cm
Blüte: Schmetterlingsblüten, bis 6 cm breit; in Rispen bis zu acht an festem Stiel; rosa, rot, hellblau, dunkelblau, violett oder weiß
Blütezeit: Juni–September
Blatt: Gefiedert, Blattspitze als Ranke ausgebildet, Teilblättchen spitz-oval; hellgrün
Standort/Pflege: Volle Sonne; lockere, nährstoffreiche Erde; hoher Wasser- und Düngerbedarf
Verwendung: Beet, Balkonkasten, Kübel, Ampel, Schnittblume
Hinweise: Samenansatz verhindert weitere Blütenentwicklung, daher fördert laufender Schnitt voll erblühter Stängel für die Vase die Blütenentwicklung; rankenden Sorten rechtzeitig Kletterhilfe geben
Weitere Arten: Staudenwicken z. B. *Lathyrus vernus*, Frühlingsplatterbse

Laurus nobilis

Lorbeer

Lauraceae

(❄) IV–V

Herkunft: Mittelmeerraum, Kultursorten
Wuchsform: Strauchig, baumartig, auch als Stämmchen, Pyramide, Säule, Kugel gezogen
Höhe: 200–300 cm
Blüte: Klein, Pflanzen entweder mit männlichen oder weiblichen Blüten; gelblich
Blütezeit: April–Mai
Blatt: Lanzettlich, ledrig; bis 5 cm lang; aromatisch duftend; dunkelgrün
Standort/Pflege: Sonnig bis lichtschattig; nährstoffreiche, durchlässige Erde; mäßiger Wasser- und Düngerbedarf
Verwendung: Kübel
Hinweise: Stehen männliche und weibliche Pflanzen zusammen, ist Entwicklung schwarzer Beeren möglich; Überwinterung hell, kühl; leichter Frost wird vertragen; Lorbeerblätter für die Küche nutzbar

Lavandula angustifolia

Lavendel

Lamiaceae

VI–VII

Herkunft: Mittelmeerraum, Kultursorten
Wuchsform: Strauchig, auch als Stämmchen gezogen
Höhe: 40–60 cm
Blüte: Einzelblüte klein; zu vielen in dichten Scheinähren auf langem Stängel zusammensitzend; aromatisch duftend; blau, violettblau, rosa, weiß
Blütezeit: Juni–Juli
Blatt: Nadelförmig, schmal; aromatisch duftend; graugrün
Standort/Pflege: Sonnig, warm; durchlässige Erde; mäßiger Wasser- und Düngerbedarf
Verwendung: Beet, Kübel, Topf
Hinweise: Zeitweise Trockenheit wird gut vertragen; blüht an neuen Jahrestrieben, daher regelmäßiger Rückschnitt wichtig; kräftige und gedrungene Pflanzen sind gleichzeitig unempfindlicher gegen Frost
Weitere Arten: *Lavandula pinnata* (Kanaren): dachziegelartig aufgebaute Ähren; *Lavandula latifolia*, Großer Speik: mit bis 5 cm langen, ovalen, weißfilzigen Blättern

Lavandula dentata

Zahnlavendel

Lamiaceae

X–V

Herkunft: Mittelmeerraum, Kultursorten
Wuchsform: Strauchig, breit wachsend
Höhe: 100–120 cm
Blüte: Einzelblüte klein, in weichen dichten Scheinähren zusammensitzend, aromatisch duftend; purpurviolett
Blütezeit: Oktober–Mai
Blatt: Farnartig, gezähnt oder gelappt, graufilzig, bis 4 cm lang; aromatisch duftend; graugrün
Standort/Pflege: Sonnig, warm; durchlässige Erde; mäßiger Wasser- und Düngerbedarf
Verwendung: Kübel, Topf
Hinweise: Zeitweise Trockenheit wird vertragen; blüht an neuen Jahrestrieben, daher hält Rückschnitt nach der Blüte die Pflanzen kräftig und gedrungen

Lavandula stoechas

Schopflavendel

Lamiaceae

VII–X

Herkunft: Mittelmeerraum, Kultursorten
Wuchsform: Strauchig, auch als Stämmchen gezogen
Höhe: Bis 80 cm
Blüte: Einzelblüten klein, zu vielen in dichten Scheinähren zusammensitzend, kräftiger Schopf steriler Blüten an der Ährenspitze; aromatisch duftend; dunkelpurpurn, violett oder kräftig rosa
Blütezeit: Juli–Oktober
Blatt: 1,5 cm lang, etwas breiter als bei Lavandula angustifolia; aromatisch duftend; dunkelgrün
Standort/Pflege: Sonnig, warm; nährstoffreiche, durchlässige Erde; mäßiger Wasser- und Düngerbedarf
Verwendung: Beet, Rosenbeet, Kübel, Topf
Hinweise: Zeitweise Trockenheit wird vertragen; blüht an neuen Jahrestrieben, daher hält Rückschnitt nach der Blüte die Pflanzen kräftig und gedrungen; frostempfindlich, Überwinterung hell und frostfrei

Lavatera trimestris

Bechermalve

Malvaceae

VII–X

Herkunft: Mittelmeerraum, Kultursorten
Wuchsform: Buschig, leicht sparrig
Höhe: 40–60 cm
Blüte: Seidig glänzende Trichterblüten, bis 8 cm groß; hell-, dunkel-, lachsrosa oder weiß, oft mit dunklen Adern
Blütezeit: Juli–Oktober
Blatt: Rautenförmig; frischgrün
Standort/Pflege: Volle Sonne; durchlässige, lockere Erde; mäßiger Wasser- und Düngerbedarf
Verwendung: Beet, Kübel, Schnittblume
Hinweise: Bei nassen Böden und regenreichen Sommern Gefahr von Befall mit Malvenrost
Weitere Arten: Hohe, strauchige Bechermalven wie *Lavatera thuringiaca* oder *Lavatera maritima (= Malva wiegandii)*

Foto: *Lavatera trimestris* 'Ruby Regis'

Limonium sinuatum

Statice

Plumbaginaceae

VII–X

Herkunft: Nordafrika, Kultursorten
Wuchsform: Blattrosette mit etwas sparrigen Blütentrieben, Triebe mit auffälligen Leisten
Höhe: Beetsorten 30–40 cm, Schnittsorten 50–80 cm
Blüte: Fünflappige Röhrenblüte in lange haltendem, papierartigem Blütenkelch, in kräftigen Wickeln zusammenstehend; Röhrenblüte weiß oder gelb, Kelch blau, violett, rot, rosa, orange, gelb oder weiß
Blütezeit: Juli–Oktober
Blatt: Rautenförmig, ledrig; dunkelgrün
Standort/Pflege: Volle Sonne, warm; durchlässige, kalkhaltige, lockere Erde; mäßiger Wasser- und Düngerbedarf
Verwendung: Beet, Topf, Schnittblume, Trockenblume
Hinweise: Im Beet am besten mit bodendeckenden Stauden und Einjahrsblumen zu kombinieren
Weitere Arten: *Limonium bellidifolium*, *Limonium gmelinii* und andere, häufig als floristisches Beiwerk verwendet

Lobelia erinus

Lobelie, Männertreu

Campanulaceae

V–X

Herkunft: Südafrika, Kultursorten
Wuchsform: Buschig, kompakt, aufrecht bis leicht überhängend
Höhe: 10–15 cm, hängende Sorten mit bis 25 cm langen Trieben
Blüte: Trichterförmig mit drei großen nach unten gerichteten Blütenlappen und zwei kleinen aufgerichteten; sehr reich blühend; blau, violett, rosa oder weiß, oft mit andersfarbigem Auge
Blütezeit: Mai–Oktober
Blatt: Eiförmig bis lanzettlich, gebuchtet oder gezähnt, dunkelgrün
Standort/Pflege: Sonnig bis halbschattig; nährstoffreiche, durchlässige Erde; hoher Wasser- und mäßiger Düngerbedarf
Verwendung: Beet, Balkonkasten, Ampel
Hinweise: Neben samenvermehrten Sorten sind stecklingsvermehrte Sorten auf dem Markt. Ihr Wuchs ist meist lockerer mit langen überhängenden Trieben und ausdauernder Blüte in verschiedenen Blautönen

Lobelia × speciosa

Hohe Lobelie

Campanulaceae

VII–IX

Herkunft: Prärien Nordamerikas, Kultursorten
Wuchsform: Straff aufrecht, wenig oder gar nicht verzweigt
Höhe: 60–90 cm
Blüte: Trichterförmig mit drei großen nach unten gerichteten Blütenlappen und zwei schmalen aufrechten; in hohen, dicht besetzten Blütentrauben; rot, blau, violett oder rosa
Blütezeit: Juli–September
Blatt: Eiförmig, gezähnt; dunkelgrün, einige Sorten mit roter Blattfärbung
Standort/Pflege: Sonnig, warm; nährstoffreiche, durchlässige Erde; mäßiger Wasser- und Düngerbedarf
Verwendung: Beet, Schnittblume
Hinweise: Nässe wird schlecht vertragen, Überwinterung frostfrei
Weitere Arten: *Lobelia splendens*, Feuerlobelie; *Lobelia × gerardii*, beide bedingt frosthart; Überwinterung in milden Lagen mit etwas Schutz draußen möglich

Foto: *Lobelia speciosa* 'Fan Scarlet' F1-Hybride

Lobularia maritima

Duftsteinrich

Brassicaceae

VI–X

Herkunft: Prärien Nordamerikas, Kultursorten
Wuchsform: Breitwüchsig, überhängend
Höhe: 10–20 cm
Blüte: Winzige vierblättrige Blütchen, in dichten Köpfchen zusammenstehend; Blütenteppich bildend; intensiver Honigduft; weiß, rosa oder violett
Blütezeit: April–Oktober
Blatt: Schmal, lanzettlich; dunkelgrün
Standort/Pflege: Sonnig, warm; kalkhaltige Erde; mäßiger Wasser- und Düngerbedarf
Verwendung: Beet, Steingarten, Trockenmauer, Rosenrabatte, Balkonkasten, Schale
Hinweise: Unempfindlich gegen Trockenheit; lässt der erste Flor nach, fördert Rückschnitt den Aufbau eines zweiten Flors; an sonnig warmen Plätzen Selbstaussaat möglich; neue vegetativ vermehrte Sorte 'Snow Princess' mit atemberaubender Blütenfülle und kräftigerem Wuchs.

Foto: *Lobularia maritima* 'Snow Princess'

Lonas annua

Gelbes Ageratum

Asteraceae

VII–X

Herkunft: Mittelmeerraum, Kultursorten
Wuchsform: Buschig, breit ausladend
Höhe: 30–40 cm
Blüte: Einzelblüten zu Köpfen zusammengesetzt, auf rötlich überlaufenen Stielen; gelb
Blütezeit: Juli–Oktober
Blatt: Schmal, sehr fein geschlitzt; graugrün
Standort/Pflege: Sonnig, warm; durchlässige Erde; mäßiger Wasser- und Düngerbedarf
Verwendung: Beet, Schnittblume, Trockenblume
Hinweise: Bei sonnigem, warmem Standort sehr anspruchslos

Lotus berthelotii

Hornklee

Fabaceae

2 III–V und IX–X

Herkunft: Kanarische Inseln
Wuchsform: Lang und graziös überhängend
Trieblänge: 60 cm und mehr
Blüte: Schnabelförmig, aufgebogen; orangefarben oder scharlachrot
Blütezeit: März–Mai, September–Oktober
Blatt: Schmal, nadelartig, in Quirlen angeordnet; silbergrau
Standort/Pflege: Sonnig bis halbschattig; durchlässige Erde; gleichmäßige Wasserversorgung vor allem während der Knospenbildung, mäßig düngen
Verwendung: Balkonkasten, Kübel, Ampel, Strukturpflanze
Hinweise: Lebensvorgänge in der heißen Zeit reduziert, daher Blüte während der Frühjahrs- und Herbst-Kühle; Überwinterung hell bei 10–15 °C; Ende Januar zurückschneiden, da nur die jungen Triebe blühen
Weitere Arten: *Lotus maculatus*: Blüte gelb mit bräunlichen Spitzen, Blätter blaugrün, sonst sehr ähnlich

Lycianthes rantonnetii (= *Solanum rantonnetii*)

Blauer Nachtschatten, Enzianstrauch

Solanaceae

(I) IV–X (XII)

Herkunft: Paraguay, Argentinien, Kultursorten
Wuchsform: Strauchig, bogig überhängend, auch als Stämmchen gezogen
Höhe: Bis 200 cm
Blüte: Radförmig, fünfzipflige Schalen in lockeren Blütentrauben am Ende der Haupt- und Seitentriebe; violettblau
Blütezeit: (Januar) April–Oktober (Dezember)
Blatt: Lanzettlich, bis 10 cm; frischgrün
Standort/Pflege: Sonnig, warm; lockere durchlässige Erde; hoher Wasser- und Düngerbedarf
Verwendung: Kübel
Hinweise: In allen Teilen giftig; in belaubtem Zustand Überwinterung hell und nicht zu kühl bei 10 °C; darunter Abwerfen der Blätter und langsamere Entwicklung im Folgejahr; im Frühjahr mehrfach stutzen, um Verzweigung anzuregen

---

Lycopersicon esculentum

Tomate

Solanaceae

V–X

Herkunft: Peru, Ecuador, Kultursorten
Wuchsform: Je nach Sorte langtriebig oder buschig-kompakt, stark verzweigt
Höhe: 20–300 cm
Blüte/Frucht: Fünfzipflig, radförmig; in lockeren Trauben; gelb/Früchte: Je nach Sorte rundlich, länglich, rot, rosa, orange, gelb oder braun
Blütezeit/Fruchtreife: Ab Mai/ca. 2 Monate nach der Blüte
Blatt: Stark gebuchtet oder geteilt; aromatisch duftend; mittelgrün
Standort/Pflege: Vollsonnig, warm, windgeschützt; nährstoffreiche, durchlässige Erde; hoher Wasser- und Düngerbedarf
Verwendung: Beet, Kübel, Topf, Ampel
Hinweise: Langtriebige Sorten aufbinden und Seitentriebe ausbrechen (ausgeizen), um Kräfte zu konzentrieren; bei nasskaltem Wetter gegebenenfalls Schutz geben (Krankheitsvorbeugung); durch möglichst gleichmäßige Wasserversorgung Platzgefahr verringern; Kompakte Balkonsorten z. B.: 'Balkonstar', 'Red Robin', 'Micro Tom', 'Tumbler', 'Yellow Canary'

Lysimachia congestiflora

Felberich

Primulaceae

4 IV–VII (X)

Herkunft: China, in Australien und England eingebürgert, Kulturform
Wuchsform: Dicht buschig, leicht überhängend
Trieblänge: 60 cm und mehr
Blüte: Fünfblättrige Blüten, am Trieb-Ende in kleinen Köpfchen zusammenstehend; gelb mit roter Mitte
Blütezeit: April–Juli (Oktober)
Blatt: Breit eiförmig; frischgrün, auch gelb panaschiert
Standort/Pflege: Sonnig bis halbschattig; durchlässige Erde; hoher Wasser- und Düngerbedarf
Verwendung: Balkonkasten, Ampel, Strukturpflanze
Hinweise: Hauptblüte in den Frühsommermonaten, bei gleichmäßiger Pflege auch darüber hinaus; verblühte Blütenstände regelmäßig ausbrechen; Staunässe wird nicht vertragen
Weitere Arten: Winterharter Gartenfelberich wie *Lysimachia punctata* und *Lysimachia clethroides*

Lysimachia nummularia 'Goldilocks'

Gold-Pfennigkraut

Primulaceae

4 V–VII

Herkunft: Deutschland, Europa, Farbauslesen
Wuchsform: Flach, Ausläufer treibend, überhängend
Höhe/Trieblänge: 20 cm/100 cm
Blüte: Fünfblättrige Schale; gelb
Blütezeit: Mai–Juli
Blatt: Rundlich, pfennigförmig, paarweise angeordnet; gelbgrün
Standort/Pflege: Sonnig bis lichtschattig; nährstoffreiche Erde; hoher Wasser- und mäßiger Düngerbedarf
Verwendung: Beet, Balkonkasten, Ampel
Hinweise: 'Goldilocks' mit besonders schöner Blattfarbe, aber auch die Art eignet sich als Bodendecker z. B. am Teich gut
Weitere Arten: siehe *Lysimachia congestiflora*

Malus domestica

Topf-Apfelbaum

Rosaceae

IV–V

Herkunft: Europa, Kreuzung verschiedener Arten
Wuchsform: Baum- oder strauchartig
Höhe: 150–250 cm
Blüte/Frucht: Fünfblättrig, schalenförmig; meist zu mehreren; rosaweiß/Äpfel: Grünlichgelb, gelb, gelbrot oder rot
Blütezeit/Fruchtreife: April–Mai/ab September
Blatt: Oval; mittelgrün
Standort/Pflege: Vollsonnig; nährstoffreiche, durchlässige Erde; hoher Wasser- und mäßiger Düngerbedarf
Verwendung: Kübel
Hinweise: Auf sehr schwach wachsende Unterlagen veredelte Sorten; Kübel für Äpfel mindestens 40 cm Durchmesser und 50 cm Tiefe; Achtung: Äpfel sind selbststeril, Befruchtersorte in der Nachbarschaft erforderlich; für guten Fruchtansatz regelmäßig fachgerecht schneiden

Mandevilla-Hybriden (= *Dipladenia*-Hybriden)

Mandevilla

Apocynaceae

V–X

Herkunft: Brasilien, Kreuzung verschiedener Mandevilla-Arten
Wuchsform: Kräftig kletternd oder überhängend, mit langen geschmeidigen Trieben, gut verzweigt, stattlich
Höhe: 200–300 cm
Blüte: 5 cm große Trichterblüten, mit fünf Zipfeln sternförmig öffnend; rot, rosa oder weiß
Blütezeit: Juni–Oktober
Blatt: Spitzoval, ledrig, glänzend; dunkelgrün
Standort/Pflege: Sonnig, warm; durchlässige, nährstoffreiche Erde; mäßiger Wasser- und Düngerbedarf
Verwendung: Beet, Kübel, Balkonkasten, Ampel, für Gitter und Rankgerüste
Hinweise: Auch unter Namen wie Sundaville oder Tropidenia angeboten; sehr wetterfest und anspruchslos; bildet rübenartige Wurzeln aus, mit denen sie Trockenzeiten überdauert; rechtzeitig vorm Frost ins Haus holen; im Frühjahr kräftig zurückschneiden

Foto: *Mandevilla*-Hybriden 'Sandaville® Red'

Maurandya scandens (= Asarina scandens)

Maurandie

Scophulariaceae

VI–X

Herkunft: Mexiko, Kultursorten
Wuchsform: Kletternd, sehr zierlich
Höhe: 200–300 cm
Blüte: Trompetenförmig mit dreilappiger Unter- und zweilappiger Oberlippe; blauviolett, rosa oder weiß
Blütezeit: Juni–Oktober
Blatt: Breit dreieckig bis herzförmig; frischgrün
Standort/Pflege: Sonnig, geschützt; durchlässige Erde; mäßiger Wasser- und Düngerbedarf
Verwendung: Beet, Balkonkasten, Kübel, für Gitter, Gerüste, Wände
Hinweise: Benötigt rechtzeitig Spalier, Draht oder Seil als Kletterhilfe
Weitere Arten: *Maurandya barclaiana:* Efeuartiges Laub, purpurviolette Blüten, für Sonne und Halbschatten; *Asarina procumbens*, Kriechmaurandie: bis 3 m lange, hängende Triebe, immergrün, weißgelbliche Löwenmäulchen-Blüten

Melampodium paludosum

Sterntaler

Asteraceae

VI–IX

Herkunft: Südamerika, Kultursorten
Wuchsform: Breit buschig, reich verzweigt, leicht überhängend
Höhe: 25–50 cm
Blüte: Sternförmig, zierlich; reich blühend; leuchtend gelb
Blütezeit: Juni–September
Blatt: Lanzettlich bis spitzeiförmig; robust wirkend; frischgrün
Standort/Pflege: Sonnig bis halbschattig, warm; hoher Wasser- und Düngerbedarf
Verwendung: Beet, Balkonkasten, Kübel, Topf
Hinweise: Sumpfpflanze, daher reichlich Wasser geben; aufgrund ihres Wärmebedürfnisses nicht zu früh ausplanzen

Mentha suaveolens 'Variegata'

Bunt-Minze

Lamiaceae

VII–IX

Herkunft: Südeuropa, Kultursorte
Wuchsform: Breit buschig, überhängend
Höhe: Bis 40 cm hoch und breit
Blüte: Rispen, etwas unscheinbar; blasslila
Blütezeit: Juli–September
Blatt: Oval, leicht gezackte Blattränder; frischgrün mit weißem Rand
Standort/Pflege: Sonnig bis lichtschattig; durchlässige Erde; mäßiger Wasser- und Düngerbedarf
Verwendung: Beet, Balkonkasten, Schale, Ampel
Hinweise: Aufgrund ihres Duftes auch als Apfelminze bezeichnet; gut passend zu kraftvollen Nachbarn wie Dahlien, Gazanien und Petunien; wuchert bei zu starken Düngergaben; verblühte Blütenstände rechtzeitig abschneiden
Weitere Arten: Zahlreiche andere Minzearten wie *Mentha × piperita*, Echte Pfefferminze; *Mentha longifolia*, Ross-Minze; *Mentha pulegium*, Polei-Minze

Metrosideros excelsa

Eisenholzbaum

Myrtaceae

V–VI

Herkunft: Neuseeland
Wuchsform: Strauchig bis baumartig, aufrecht
Höhe: 150–200 cm und höher
Blüte: Lange fedrige Stempel und Staubgefäße, kurze silbergraue Blütenhülle; in kompakten Trugdolden zusammenstehend; leuchtend rot
Blütezeit: Mai–Juni
Blatt: Rundlich, ledrig, glänzend; dunkelgrün, Blattunterseite silbrig
Standort/Pflege: Sonnig; leicht saure Erde; mäßiger Wasser- und Düngerbedarf
Verwendung: Kübel
Hinweise: Gilt als Neuseeländischer Weihnachtsbaum (dort Dezember-Blüte); mit kalkarmem Wasser gießen, sonst robust und unempfindlich; Überwinterung hell, kühl an gut belüftetem Platz; dann sehr sparsam gießen

Mikania scandens

Sommerefeu

Asteraceae

VII–VIII

Herkunft: Tropisches Nordamerika
Wuchsform: Schlingend, hängend oder kriechend, starkwüchsig
Höhe: 250–300 cm
Blüte: Klein, zu vielen in lockeren Dolden zusammenstehend; weiß,
Blütezeit: Juli–August
Blatt: Efeuartig bis herzförmig, stark gebuchtet mit lang ausgezogenen Spitzen; klebrig; 3–10 cm; lebhaft grün
Standort/Pflege: Volle Sonne bis lichtschattig; warm; hoher Wasser- und Düngerbedarf
Verwendung: Beet, Kübel, Ampel
Hinweise: Sumpf- und Uferpflanze, daher stark gießen; in den Tropen als vitales Unkraut bekannt

Mimulus aurantiacus

Gauklerblume

Scrophulariaceae

V–VIII

Herkunft: Kalifornien, Kultursorten
Wuchsform: Buschig, leicht etwas sparrig
Höhe: 40–60 cm
Blüte: Kurze Röhre, azaleenartig öffnend; je nach Sorte 2,5–6 cm; orangegelb, gelb oder weiß
Blütezeit: Mai–August
Blatt: Schmal, elliptisch; glänzend, etwas klebrig; immergrün; frischgrün
Standort/Pflege: Sonnig bis lichtschattig; sehr durchlässige, nährstoffreiche Erde; hoher Wasser- und mäßiger Düngerbedarf
Verwendung: Kübel, Topf
Hinweise: Empfindlich gegen zu viel Nässe, bei andauerndem Regen gegebenenfalls geschützt stellen; Rückschnitt nach dem ersten Blütenflor fördert die Herbstblüte; Überwinterung hell, sonnig bei 5–10 °C; im Frühjahr häufiger stutzen, um Verzweigung anzuregen

Mimulus-Hybriden

Gauklerblume

Scrophulariaceae

V–VIII

Herkunft: Kreuzung verschiedener amerikanischer Arten
Wuchsform: Buschig, kompakt
Höhe: 15–20 cm
Blüte: Trichterblüte in fünf rundlichen Lappen endend; 4–6 cm groß; orange, gelb oder rot; einfarbig oder mit sehr variabler Zeichnung
Blütezeit: Mai–August
Blatt: Spitzoval, gezackt; frischgrün
Standort/Pflege: Sonnig bis halbschattig, keine pralle Sonne; humose, nährstoffreiche Erde; hoher Wasser- und Düngerbedarf
Verwendung: Balkonkasten, Schale, Topf
Hinweise: Keine Staunässe; bei nachlassendem Blütenflor regt Rückschnitt zweite Blüte an

Mirabilis jalapa

Wunderblume

Nyctaginaceae

VII–X

Herkunft: Peru, Kultursorten
Wuchsform: Buschig, aufrecht, breit ausladend
Höhe: 60–80 cm
Blüte: Blütenstände mit sieben bis zehn Blüten; Trichterblüten, an der Spitze mit fünf Blütenlappen weit geöffnet; duftend; rot, rosa, violett, orange, gelb und weiß, oft mit andersfarbigen Einsprengseln; häufig unterschiedliche Blüten an einer Pflanze (Wunderblume)
Blütezeit: Juli–Oktober
Blatt: Herzförmig bis spitzoval; dunkelgrün
Standort/Pflege: Sonnig; nährstoffreiche, durchlässige Erde; mäßiger Wasser- und Düngerbedarf
Verwendung: Beet, Kübel
Hinweise: Blüten öffnen sich erst am Nachmittag, „Vieruhrblume", und schließen in den Morgenstunden; Pflanzen bilden Knollen aus und können wie Dahlienknollen überwintert werden

Foto: *Mirabilis jalapa* 'Broken Colors'

Muehlenbeckia axillaris

Mühlenbeckie

Polygonaceae

(❄) VII–VIII

Herkunft: Neuseeland
Wuchsform: Flach, zarttriebig, hängend oder kriechend, polsterbildend,
Höhe/Trieblänge: 20 cm/50 cm
Blüte: Klein, unscheinbar; gelblich
Blütezeit: Juli–August
Blatt: Rundlich, gestielt; 0,5 cm; dunkelgrün
Standort/Pflege: Sonnig bis lichtschattig, keine pralle Mittagssonne; nährstoffreiche, durchlässige Erde; mäßiger Wasser- und Düngerbedarf
Verwendung: Beet, Balkonkasten, Kübel, Ampel, Topf
Hinweise: Unkompliziert und gesund; Überwinterung hell bei 5–15 °C; im Topf häufig als Herz oder Bogen gezogen

Myrtus communis

Myrte

Myrtaceae

VI–X

Herkunft: Mittelmeerraum, Kultursorten
Wuchsform: Strauchig, kompakt, feintriebig, auch als Stämmchen angeboten
Höhe: 30–80 cm
Blüte: 5 Kronblätter, tellerförmig, eine Fülle an Staubgefäßen umgebend; 1–3 cm groß; auch gefüllt; duftend; rahmweiß
Blütezeit: Juni–Oktober
Blatt: Eirund bis lanzettlich; je nach Sorte 0,5–3 cm lang; ledrig, glänzend; dunkelgrün, auch grün mit weiß oder grün mit gelb
Standort/Pflege: Sonnig bis lichtschattig, keine pralle Sonne; humose, leicht saure Erde; mäßiger aber sehr gleichmäßiger Wasser- und Düngerbedarf
Verwendung: Kübel, Topf
Hinweise: Verträgt weder Trockenheit noch Nässe; mit kalkfreiem Wasser gießen, notfalls Regenwasser nutzen; Überwinterung kühl bei 5–10 °C; ganzjährig viel Licht

Nemesia fruticans

Hängender Elfenspiegel

Scrophulariaceae

VI–X

Herkunft: Südafrika, Kultursorten
Wuchsform: Buschig, zierlich, locker überhängend
Trieblänge: 40–60 cm
Blüte: An Löwenmäulchen erinnernd, gespornt; blau, rosa oder weiß, mit gelbem Saftmal
Blütezeit: Juni–Oktober
Blatt: Lanzettlich, schmal, gesägt; hell- bis frischgrün
Standort/Pflege: Sonnig, warm; leichte, durchlässige Erde; mäßiger Wasser- und Düngerbedarf
Verwendung: Balkonkasten, Schale, Ampel
Hinweise: Keine Staunässe; blüht sicher durch, wenn Verblühtes laufend entfernt wird

Nemesia strumosa

Elfenspiegel

Scrophulariaceae

VI–X

Herkunft: Südafrika, Kultursorten
Wuchsform: Buschig, kompakt
Höhe: 25–30 cm
Blüte: Trompetenförmig, in zwei große und vier kleine Lappen öffnend, 2 cm groß; gelb, orange, rot, rosa, weiß oder violett
Blütezeit: Juni–Oktober
Blatt: Lanzettlich, schmal, gesägt; hell- bis frischgrün
Standort/Pflege: Sonnig, warm; leichte, durchlässige Erde; mäßiger Wasser- und Düngerbedarf
Verwendung: Beet, Balkonkasten, Schale
Hinweise: Keine Staunässe; moderne Sorten blühen meist sicher durch; notfalls zurückschneiden, wenn der Flor deutlich weniger wird

Nerium oleander

Oleander

Apocynaceae

VI–X

Herkunft: Mittelmeerraum, Kultursorten
Wuchsform: Strauchig, wenig verzweigt, leicht etwas sparrig
Trieblänge: 80–300 cm
Blüte: Einzelblüte tellerförmig, mit 5 nach rechts gedrehten Zipfeln, in lockeren, doldenförmigen Rispen an den Triebspitzen; auch gefüllte Sorten; rot, rosa, weiß, cremegelb, lachsfarben oder purpurn
Blütezeit: Juni–Oktober
Blatt: Schmal, weidenartig, fest; bis 15 cm lang; dunkelgrün
Standort/Pflege: Sonnig, warm; leichte, durchlässige Erde; hoher Wasser- und Düngerbedarf
Verwendung: Kübel
Hinweise: Blüht nur in schönen Sommern üppig; ungeöffnete Knospen blühen im Folgejahr; Rückschnitt, sofern erforderlich, im Frühjahr; Überwinterung bei 5–10 °C; verträgt leichten Frost

Nicotiana × sanderae

Ziertabak

Solanaceae

VII–X

Herkunft: Südamerika, Kreuzung verschiedener Arten
Wuchsform: Rosettenartig, kompakt, mit aufrechten, wenig verzweigten Blütenständen
Höhe: 30–50 cm
Blüte: Fünfzipflige Trichterblüten in lockeren Rispen; rot, rosa, violett, weiß, cremegelb oder grünlich,
Blütezeit: Juli–Oktober
Blatt: Breit-oval, bis 15 cm lang; frischgrün
Standort/Pflege: Sonnig bis lichtschattig, warm, windgeschützt; lehmhaltige, nährstoffreiche Erde; hoher Wasser- und Düngerbedarf
Verwendung: Beet, Kübel
Hinweise: Wirkt am schönsten in Gruppen gepflanzt
Weitere Arten: *Nicotiana sylvestris*: 150 cm, duftende, weiße Blütenstände

Nierembergia hippomanica

Nierembergie

Solanaceae

VI–IX

Herkunft: Argentinien, Kultursorten
Wuchsform: Buschig, breit, locker bis kompakt, leicht überhängend
Höhe: 15 cm
Blüte: Offene Schale; weiß oder violett, mit kräftig gelber Mitte
Blütezeit: Juni–September
Blatt: Fein gefiedert; dunkelgrün
Standort/Pflege: Sonnig bis lichtschattig; nährstoffreiche Erde; hoher Wasser- und mäßiger Düngerbedarf
Verwendung: Beet, Ampel, Gefäß
Hinweise: Keine Staunässe; bei zu lockerem Wuchs Verzweigung durch Entspitzen anregen
Weitere Arten: *Nierembergia gracilis*: lockerer als *N. hippomanica*

Nolana paradoxa

Glockenwinde

Nolanaceae

VI–IX

Herkunft: Chile, Kultursorten
Wuchsform: Buschig, breit, locker bis kompakt, leicht überhängend
Höhe/Trieblänge: 10–15 cm/50 cm
Blüte: Trichterblüten, gebuchtet, 5 cm breit; blau, Blütenmitte gelb mit weißem Saum
Blütezeit: Juni–September
Blatt: Schmal, lanzettlich; dunkelgrün
Standort/Pflege: Volle Sonne, windgeschützt; nährstoffreiche Erde; hoher Wasser- und Düngerbedarf
Verwendung: Beet, Bodendecker, Balkonkasten, Ampel
Hinweise: Keine Staunässe; bei Hitze und Trockenheit verringert sich die Blüte; Gegensteuern durch Düngen und Ausputzen verblühter Blumen möglich; im Herbst wieder voller Flor; bei Trockenheit Abfallen der Blätter

Ocimum basilicum

Basilikum

Lamiaceae

VI–VIII

Herkunft: Subtropisch, Heimat unbekannt, Kultursorten
Wuchsform: Buschig, aufrecht
Höhe: 20–45 cm
Blüte: Klein, in Quirlen an aufrechtem Stängel über den Blättern; weiß,
Blütezeit: Juni–August
Blatt: Oval; je nach Sorte 1–5 cm; aromatisch duftend; hellgrün, rotgrün, dunkelviolett oder fast schwarz
Standort/Pflege: Volle Sonne; warm; durchlässige, nährstoffreiche Erde; mäßiger Wasser- und Düngerbedarf
Verwendung: Beet, Kübel, Topf
Hinweise: Beliebtes Küchenkraut; viele schönblättrige Farbsorten; 'Minima' besonders kompakt und kleinblättrig, daher auch als Kübelpflanze interessant
Weitere Arten: Strauch-Basilikum, verschiedene *Ocimum*-Artkreuzungen wie 'Magic Blue' oder 'African Blue', dank ihres strauchigen Wuchses auch als attraktive Stämmchen geeignet

Foto: *Ocimum basilicum* 'Dark Opal'

Oenothera 'Lemon Drops'

Nachtkerze

Onagraceae

2 V–X

Herkunft: Nordamerika, Kultursorten
Wuchsform: Buschig, kriechend, überhängend, gut verzweigt
Höhe/Trieblänge: 20 cm/40 cm
Blüte: Vierblättrig, kreuzförmig, einfach, jedes Blütenblatt an der Spitze gekerbt; zitronengelb
Blütezeit: Mai–Frost
Blatt: schmal, lanzettlich; dunkelgrün
Standort/Pflege: Volle Sonne, warm; durchlässige, auch sandige Erde; mäßiger Wasser- und Düngerbedarf
Verwendung: Beet, Kübel, Balkonkasten, Topf
Hinweise: Widerstandsfähig und unkompliziert; putzt sich selbst, kein Ausputzen welker Blüten nötig; ausgepflanzt winterhart bis –25°C

Olea europaea

Olivenbaum

Oleaceae

Herkunft: Südeuropa, Kultursorten
Wuchsform: Strauchig bis baumartig, etwas sparrig; im Alter oft bizarr
Höhe: 200–300 cm, ausgepflanzt bis 1.000 cm
Blüte/Frucht: Unscheinbar, klein, in lockeren Trauben; weiß oder gelblich/Frucht: Grün, später braun-schwarz
Blütezeit/Fruchtreife: Mai/ab Herbst
Blatt: Oval, 3–5 cm lang; silbergrau
Standort/Pflege: Volle Sonne, warm; durchlässige Erde; mäßiger Wasser- und Düngerbedarf
Verwendung: Kübel
Hinweise: Verträgt zeitweise Trockenheit gut; Überwinterung kühl und so hell wie möglich; leichter Frost wird ertragen; Rückschnitt im Frühjahr, um Verzweigung anzuregen, bzw. ältere Exemplare zu verjüngen

Origanum vulgare

Oregano

Lamiaceae

VII–IX

Herkunft: Europa, Kleinasien, Nordamerika, Farbauslesen
Wuchsform: Buschig, aufrecht bis niederliegend
Höhe: 20–60 cm
Blüte: Klein, in kompakten Dolden; lilarosa, violett oder weiß
Blütezeit: Juli–September
Blatt: Oval-eiförmig; 1–2 cm; aromatisch; hellgrün, gelblich oder weiß panaschiert
Standort/Pflege: Volle Sonne, warm; durchlässige, mäßig nährstoffreiche Erde; mäßiger Wasser- und Düngerbedarf
Verwendung: Beet, Kübel, Ampel, Topf
Hinweise: Pizza-Gewürz, auch die Farbauslesen lassen sich für die Küche nutzen
Weitere Arten: z. B. *Origanum majorana*, Majoran; *Origanum rotundifolium*, Rundblättriger Oregano

Foto: *Origanum vulgare* 'Aureum'

Osteospermum ecklonis

Kapkörbchen

Asteraceae

VI–X

Herkunft: Südafrika, Kultursorten
Wuchsform: Buschig-breit, kompakt, leicht überhängend
Höhe/Trieblänge: 30 cm/50–70 cm
Blüte: Margeritenartig mit relativ kleiner Blütenmitte, seidig glänzend; auch Sorten mit löffelförmigen Röhrenblüten; weiß, rosa, purpurrosa, violett, gelb, cremegelb oder orange
Blütezeit: Juni–Oktober
Blatt: Spatelförmig bis lanzettlich, leicht gebuchtet; dunkelgrün
Standort/Pflege: Volle Sonne; sandig-durchlässige Erde; hoher Wasser- und Düngerbedarf
Verwendung: Beet, Balkonkasten, Kübel, Ampel
Hinweise: Keine Staunässe; bei längerem heißem Sommerwetter verhindert Düngen, Wässern und Ausputzen das Entstehen einer Blühpause

Oxalis vulcanicola

Dunkelblättriger Sauerklee

Oxalidaceae

IV–X

Herkunft: Mittelamerika, Kultursorten
Wuchsform: Buschig-breit, kriechend, leicht überhängend, dickfleischige Triebe
Höhe/Trieblänge: 15 cm/30 cm
Blüte: Fünfzipflig, radförmig; leuchtend gelb
Blütezeit: April–Oktober
Blatt: Kleeblattartig; bronzefarben
Standort/Pflege: Volle Sonne; sandig-durchlässige Erde; mäßiger Wasser- und Düngerbedarf
Verwendung: Beet, Balkonkasten, Ampel
Hinweise: Auch als Bodendecker geeignet
Weitere Arten: *Oxalis articulata*: Grünlaubig, rosa oder gelb blühend; *Oxalis crassipes*: Grünlaubig, weiß blühend; *Trifolium repens*: Schwarzgrün-laubig

Passiflora caerulea

Blaue Passionsblume

Passifloraceae

VI–IX

Herkunft: Brasilien, Paraguay, Argentinien, Kultursorten
Wuchsform: Kletternd, raschwüchsig
Höhe: 200–400 cm
Blüte: Scheibe aus zehn Hüll- bzw. Blütenblättern, „Strahlenkranz", auffällige Staubgefäße und Narben; bis 10 cm; blau mit weiß
Blütezeit: Juni–September
Blatt: Fünf- bis siebenfach gefingert, bis 10 cm breit; immergrün; dunkelgrün
Standort/Pflege: Sonnig, warm, vor praller Sonne geschützt; mäßiger Wasser- und Düngerbedarf
Verwendung: Beet, Kübel, Topf; für Rankgerüste, Pergolen, Zäune
Hinweise: Im Halbschatten starkes Längenwachstum, aber wenig Blüten; rechtzeitig Kletterhilfe geben; im Weinbauklima Überwinterung draußen möglich, sonst kühl und hell
Weitere Arten: Viele nicht winterharte Arten wie *Passiflora racemosa*:rote Blüten; *Passiflora quadrangularis*, riesengranadilla: Riesenblütig

Pelargonium crispum 'Angeleyes'®

Angel-Pelargonie

Geraniaceae

IV–X

Herkunft: Südafrika, Kultursorten
Wuchsform: Buschig, sehr kompakt, zierlich wirkend
Höhe: 20–30 cm
Blüte: Fünfblättrig, rundlich, flach; einfach; in wenig-blütigen Dolden; sehr reich blühend; purpurrot, rosa, orange oder weiß, immer mit lebhafter Zeichnung
Blütezeit: April–Oktober
Blatt: Herzförmig, stark gebuchtet; dunkelgrün
Standort/Pflege: Sonnig bis halbschattig; lockere, nährstoffreiche Erde; mäßiger Wasser- und Düngerbedarf
Verwendung: Balkonkasten, Kübel, Ampel
Hinweise: Überwinterung kühl, hell und relativ trocken

Foto: *Pelargonium*-Angel-Gruppe PAC® 'Randy®'

Pelargonium Duftpelargonien-Gruppe

Duftpelargonie

Geraniaceae

V–X

Herkunft: Südafrika, Kreuzung verschiedener Arten
Wuchsform: Buschig, aufrecht
Höhe: 30–50 cm
Blüte: Fünfblättrig, radförmig, zierlich, in lockeren Dolden; einfach; rot, rosa oder weiß, auch zweifarbig
Blütezeit: Mai–Oktober
Blatt: Rundlich bis herzförmig, stark gebuchtet oder gelappt, rau, stark duftend; dunkelgrün bis graugrün, auch weiß panaschiert
Standort/Pflege: Sonnig; lockere, nährstoffreiche Erde; hoher Wasser- und Düngerbedarf
Verwendung: Kübel, Topf
Hinweise: Keine Staunässe; Überwinterung kühl und relativ trocken
Weitere Arten: *P. × fragrans, P. graveolens, P. tomentosum*

Pelargonium Pelgardini-Gruppe

Buntblattpelargonien

Geraniaceae

V–X

Herkunft: Südafrika, Kreuzung verschiedener Arten
Wuchsform: Buschig, aufrecht
Höhe: 30–50 cm
Blüte: Fünfblättrig, radförmig, zierlich, in lockeren Dolden; einfach; rot, rosa, weiß
Blütezeit: Mai–Oktober
Blatt: Rundlich bis herzförmig, stark gebuchtet oder gelappt, rau; hell- bis dunkelgrün mit markanter Zonierung z. B. hellgrün mit ockerbraun; weiß, dunkelgrün, rot, mittelgrün; weiß, dunkelgrün, hellgrün oder weiß panaschiert
Standort/Pflege: Sonnig; nährstoffreiche, durchlässige Erde; hoher Wasser- und Düngerbedarf
Verwendung: Kübel, Topf
Hinweise: Keine Staunässe; Überwinterung kühl und relativ trocken

Foto: *Pelargonium* Pelgardini-Gruppe 'Vancouver Centennial'

Pelargonium Peltatum-Gruppe

Efeu-Pelargonien, Hängepelargonien

Geraniaceae

V–X

Herkunft: Südafrika, Kultursorten
Wuchsform: Buschig-breit, überhängend
Höhe/Trieblänge: 30 cm/40–60 cm
Blüte: Fünfblättrig, radförmig, in dicken Dolden zusammenstehend; einfach, gefüllt, halbgefüllt; rot, rosa, weiß, violett oder fliederfarben, auch zweifarbig
Blütezeit: Mai–Oktober
Blatt: Rundlich, gebuchtet, an Efeu erinnernd, glänzend; hell- bis dunkelgrün, auch weiß oder gelb panaschiert
Standort/Pflege: Sonnig bis halbschattig; windgeschützt; lockere, nährstoffreiche Erde; hoher Wasser- und Düngerbedarf
Verwendung: Beet, Balkonkasten, Kübel, Ampel
Hinweise: Keine Staunässe; Überwinterung kühl und relativ trocken

Foto: *Pelargonium* Peltatum-Gruppe 'Amethyst'

Pelargonium Stellar-Gruppe

Sterngeranie

Geraniaceae

V–X

Herkunft: Südafrika, Kultursorten
Wuchsform: Buschig, aufrecht
Höhe: 30–40 cm
Blüte: Sternförmig, fünfblättrig, Blütenblätter stark geschlitzt; in lockeren Dolden auf aufrechten Stängeln; einfach; rot, rosa, weiß, lachsfarben, auch zweifarbig
Blütezeit: Mai–Oktober
Blatt: Rundlich, stark gebuchtet; frischgrün mit dunkelgrüner oder brauner Zone
Standort/Pflege: Sonnig, warm; lockere, nährstoffreiche Erde; hoher Wasser- und Düngerbedarf
Verwendung: Beet, Balkonkasten, Kübel, Schale
Hinweise: Keine Staunässe; Überwinterung kühl und relativ trocken

Foto: *Pelargonium* Stellar-Gruppe PAC® 'Fireworks®'

Pelargonium Zonale-Gruppe

Geranie, Zonal-Pelargonie

Geraniaceae

V–X

Herkunft: Südafrika, Kultursorten
Wuchsform: Buschig, aufrecht; auch als Stämmchen oder Säule gezogen
Höhe: 30–40 cm
Blüte: Fünfblättrig, radförmig, in dicken Dolden auf aufrechten Stängeln; einfach, gefüllt oder halbgefüllt; rot, rosa, weiß, violett, orange oder lachsfarben, auch zweifarbig
Blütezeit: Mai–Oktober
Blatt: Rundlich, gebuchtet; hell- bis dunkelgrün, oft mit kräftiger dunkler Zone, auch Sorten mit weißer, gelber und roter Blattzeichnung
Standort/Pflege: Sonnig, warm, möglichst vor Nässe geschützt; lockere, nährstoffreiche Erde; hoher Wasser- und Düngerbedarf
Verwendung: Beet, Balkonkasten, Kübel, Schale
Hinweise: Keine Staunässe; bei andauerndem Regen leiden die Blüten; welke Blütenstände und altes Laub regelmäßig entfernen; Überwinterung kühl und relativ trocken

Foto: *Pelargonium* Zonale-Gruppe 'Challenge rot'

Pennisetum setaceum

Lampenputzergras

Poaceae

VII–X

Herkunft: Nordafrika, Arabischer Raum, Kultursorten
Wuchsform: Horstig, elegant überhängend
Höhe: 40–90 cm
Blüte: Lampenputzerartige, weich behaarte, 20–30 cm lange Ähren; silbrig, rosa oder rot
Blatt: Elegant überhängende Halme mit schmalen, langen Blättern, je nach Sorte grün oder rot, im Winter hellbraun
Standort/Pflege: Sonne, warm; mäßiger Wasser- und Düngerbedarf
Verwendung: Beet, Kübel
Hinweise: Meist nur einjährig, kann aber mit etwas Winterschutz überwintern, dazu Halmschopf zusammenbinden und welkes Laub um den Wurzelbereich häufeln
Weitere Arten: *Pennisetum alopecuroides*, Japanisches Lampenputzergras: langlebiger und winterhärter, in zahlreichen Sorten, aber nicht so schön rot getönt

Foto: *Pennisetum setaceum* 'Rubrum'

Penstemon hartwegii

Bartfaden

Scophulariaceae

VI–IX

Herkunft: Mexiko, Kultursorten
Wuchsform: Horstig, straff aufrecht mit hohen Blütenstängeln
Höhe: 60–80 cm
Blüte: Große, auffällige Glocken mit langer Blütenröhre, die mit fünf rundlichen Zipfeln aufspringen; untere Zipfel weiter vorgeschoben als obere; rot, rosa, pink, violett, weiß, oft zweifarbig mit hellem Schlund und hübscher Zeichnung
Blatt: Schmal lanzettlich; frischgrün
Standort/Pflege: Sonne, warm, geschützt; nährstoffreiche, gut durchlässige Erde; mäßiger Wasser- und Düngerbedarf
Verwendung: Beet, Kübel, Topf
Hinweise: Sehr reich und lange blühend; Winterschutz geben, in Kübel gepflanzte Exemplare frostfrei aufstellen
Weitere Arten: Viele verschiedene wie *Penstemon barbatus*, Roter Bartfaden; *Penstemon digitalis*, Fingerhut-Bartfaden

Foto: *Penstemon hartwegii* 'Sensation Mix'

Perilla frutescens

Schwarznessel

Lamiaceae

Herkunft: Südostasien, Kultursorten
Wuchsform: Buschig, straff aufrecht
Höhe: 60 cm
Blüte: Klein; weißlich
Blatt: Nesselartig, stark gezackt, Rand oft gekräuselt; aromatisch; grün, rötlich oder purpurschwarz
Standort/Pflege: Volle Sonne, warm; leicht saure Erde; mäßiger Wasser- und Düngerbedarf
Verwendung: Beet, Kübel, Topf
Hinweise: Auspflanzen frühestens nach den Eisheiligen; in Südostasien als Küchenkraut beliebt (Shiso)

Petunia-Hybriden

Petunie

Solanaceae

V–X

Herkunft: Brasilien, Kultursorten
Wuchsform: Buschig, locker, aufrecht bis hängend
Höhe: 20–40 cm
Blüte: Trichterförmig, 3–8 cm groß; einfach oder gefüllt; rot, rosa, weiß, lachsfarben, violett, blau, gelb, auch zweifarbig gesternt, geädert oder gerandet
Blütezeit: Mai–Oktober
Blatt: Oval, behaart; leicht klebrig; frischgrün
Standort/Pflege: Sonnig, warm, vor Wind und Regen geschützt; lockere, nährstoffreiche Erde; hoher Wasser- und Düngerbedarf
Verwendung: Beet, Balkonkasten, Ampel, Schale
Hinweise: Ausputzen verblühter Blumen fördert die Nachblüte; bei Unterernährung Kümmerwuchs; gelbe Blätter sind meist Zeichen für Eisenmangel, daher eisenhaltigen Dünger verwenden

Petunia-Hybriden

Hängepetunie

Solanaceae

V–X

Herkunft: Brasilien, Kultursorten
Wuchsform: Langtriebig, überhängend, mächtig
Trieblänge: 100 cm und mehr
Blüte: Trichterförmig, 3–8 cm groß; einfach oder gefüllt; rot, rosa, weiß, lachsfarben, violett, blau, gelb, oft dunkler geadert
Blütezeit: Mai–Oktober
Blatt: Oval, behaart; leicht klebrig; frischgrün
Standort/Pflege: Sonnig, warm, vor Wind und Regen geschützt; lockere, nährstoffreiche Erde; hoher Wasser- und Düngerbedarf
Verwendung: Balkonkasten, Ampel, Schale
Hinweise: Wichtigste Sortengruppe: Surfinia; Ausputzen verblühter Blumen fördert die Nachblüte; bei Unterernährung Kümmerwuchs; gelbe Blätter sind meist Zeichen für Eisenmangel, daher eisenhaltigen Dünger verwenden

Phasaeolus coccineus

Feuerbohne

Fabaceae

VI–IX

Herkunft: Mittelamerika, Kultursorten
Wuchsform: Rankend, langtriebig,
Höhe: 300 cm
Blüte/Frucht: Schmetterlingsblüte; in lockeren Rispen; feuerrot, seltener rotweiß, weiß oder rosa/Früchte: Schoten mit bunt gesprenkelten wohlschmeckenden Bohnen
Blütezeit/Fruchternte: Ab Juni/nach Erreichen der vollen Größe (20–30 cm)
Blatt: Dreiteilig, Einzelblatt rautenförmig, rau; mittelgrün
Standort/Pflege: Sonnig bis lichtschattig; nährstoffreiche, durchlässige Erde; hoher Wasser- und mäßiger Düngerbedarf
Verwendung: Beet, Kübel
Hinweise: Frostempfindlich, sonst relativ anspruchslos; gleichmäßige Wasserversorgung fördert Blütenansatz; regelmäßig ernten, da Ausreifen der Schoten die Blütenentwicklung stoppt
Weitere Arten: *Phasaeolus vulgaris* var. *nanus*, Buschbohne; *Phasaeolus vulgaris* var. *vulgaris*, Stangenbohne

Phlox drummondii

Sommerphlox

Polemoniaceae

V–X

Herkunft: Südliche USA, Kultursorten
Wuchsform: Buschig, kompakt, zierlich
Höhe: 15–30 cm, Schnittsorten 40–45 cm
Blüte: Tellerförmig mit schlanker Röhre, 3–8 cm groß; einfach oder gefüllt; rot, rosa, weiß, gelb, blau, viele Pastelltöne, oft zweifarbig gesternt oder mit Auge
Blütezeit: Mai–Oktober
Blatt: Lanzettlich bis schmal-herzförmig; frischgrün
Standort/Pflege: sonnig, warm; durchlässige, nährstoffreiche Erde; hoher Wasser- und Düngerbedarf
Verwendung: Beet, Steingarten, Sommertopfpflanze, Schnittblume
Hinweise: Gut Trockenheit vertragend; bei Nässe Kümmerwuchs und Gefahr von Pilzbefall; Abschneiden verblühter Dolden erleichtert das Durchblühen
Weitere Arten: Staudenphlox wie *Phlox paniculata*, *Phlox subulata*

Phygelius aequalis

Kap-Fuchsie

Scophulariaceae

VI–X

Herkunft: Südafrika, Kreuzungen
Wuchsform: Breit-buschig, Ausläufer treibend
Höhe: 100 cm
Blüte: Röhrenförmig, mit kurzen Spitzen aufspringend, ca. 5 cm lang; in lockeren Rispen zusammenstehend; rosa, rot oder cremegelb
Blütezeit: Juni–Oktober
Blatt: Fuchsienartig, spitzoval; immergrün; mittelgrün
Standort/Pflege: Sonnig bis lichter Schatten, ohne pralle Mittagssonne, warm; durchlässige, nährstoffreiche Erde; hoher Wasser- und Düngerbedarf
Verwendung: Kübel
Hinweise: Überwinterung bei 5–10 °C, gut belüftet; dann kaum gießen; Im Frühjahr junge Triebe stutzen, um Verzweigung anzuregen
Weitere Arten: *Phygelius × rectus* (Eltern: *Phygelius capensis* und *Phygelius aequalis*)

Pittosporum tobira

Klebsame

Pittosporaceae

III–V

Herkunft: China, Japan, Kultursorten
Wuchsform: Strauchig, etwas steif aufrecht, dicht; auch als Stämmchen gezogen
Höhe: 100–200 cm
Blüte: Sternförmig, fünfblättrig; intensiv duftend; in dichten Dolden; cremeweiß;
Blütezeit: März–Mai
Blatt: Länglich-oval, glänzend, ledrig; immergrün; in Quirlen angeordnet; mittelgrün, auch weiß panaschierte Sorten
Standort/Pflege: Sonnig, ohne pralle Mittagssonne, warm; durchlässige, nährstoffreiche Erde; hoher Wasser und mäßiger Düngerbedarf
Verwendung: Kübel
Hinweise: Samen mit klebriger Hülle (Name!); verträgt Trockenheit gut, solange der Ballen nicht völlig austrocknet; Überwinterung bei 5–10 °C, sehr hell, sonst Absterben ganzer Zweige; verträgt Formschnitt sehr gut
Weitere Arten: *Pittosporum tenuifolium*: schmalblättrig, davon viele Sorten mit verschiedenen Blattzeichnungen

Plectranthus forsteri (= Plectranthus coleoides)

Weihrauch, Mottenkönig

Lamiaceae

Herkunft: Südostindien
Wuchsform: Buschig-locker, lang überhängend
Höhe/Trieblänge: 30 cm/100 cm
Blüte: Klein, unscheinbar; blassblau
Blatt: Nesselartig, paarweise angeordnet; bei Berührung aromatisch duftend; frischgrün mit weißem Rand
Standort/Pflege: Sonnig bis halbschattig; nährstoffreiche Erde; mäßiger Wasser- und Düngerbedarf
Verwendung: Balkonkasten, Ampel, Kübel
Hinweise: Lässt sich problemlos einkürzen, wenn aus der Form geraten; Überwinterung mäßig kühl und hell möglich

---

Plectranthus scutellarioides (= Coleus blumei)

Buntnessel

Lamiaceae

Herkunft: Tropisches Afrika, Kreuzung verschiedener Arten
Wuchsform: Buschig, aufrecht
Höhe: 25–30 cm
Blüte: Unscheinbar, Rispen; weiß
Blatt: Nesselartig, leicht gebuchtet, bei einigen Sorten gewellt; bis 10 cm lang; auffällig durch lebhafte Tönung und Zeichnung; hell- bis dunkelgrün, gelb, orange, rot, rosa, purpurn, schwarzrot, braun; meist mehrfarbig
Standort/Pflege: Halbschattig; humusreiche Erde; hoher Wasser- und Düngerbedarf
Verwendung: Beet, Schale, Sommertopfpflanze,
Hinweise: Keine Staunässe; damit sie buschig bleiben, hin und wieder Triebspitzen entfernen

Foto: *Hectranthus scutellaroides* 'Rainbow'

Plumbago auriculata (= Plumbago capensis)

Bleiwurz

Plumbaginaceae

VI–IX

Herkunft: Südafrika, Kultursorten
Wuchsform: Strauchig, locker, kletternd oder niederliegend; auch als Stämmchen oder Spalier gezogen
Höhe: 100–200 cm
Blüte: Phloxartig, fünfblättrig in lockeren kurzen Ähren; lichtes Himmelblau oder Weiß
Blütezeit: Juni–September
Blatt: Länglich-spatelförmig, 5 cm lang; hellgrün
Standort/Pflege: Sonnig, warm; durchlässige, nährstoffreiche Erde; hoher Wasser- und Düngerbedarf
Verwendung: Kübel, Sommertopfpflanze
Hinweise: Keine Staunässe; Überwinterung bei 5–10 °C; überwintert blattlos, daher relativ dunkler Überwinterungsort möglich; Rückschnitt im Frühjahr

Portulaca umbraticola

Portulak-Röschen

Portulacaceae

VI–IX

Herkunft: Kolumbien, Kultursorten
Wuchsform: Buschig, überhängend, dickfleischige Triebe
Höhe/Trieblänge: 10 cm/20 cm
Blüte: Anmutige Schalenform, fünfblättrig, 2 cm breit; ungefüllt; weiß, gelb, orange, rot oder rosa
Blütezeit: Juni–September
Blatt: Spatelförmig, dickfleischig; grün, oft rot gerandet
Standort/Pflege: Volle Sonne, warm; durchlässige, eher sandige Erde; mäßiger Wasser- und sehr mäßiger Düngerbedarf
Verwendung: Ampel, Sommertopfpflanze
Hinweise: Blüten öffnen sich nicht bei Regen und im Schatten; Einzelblüte kurzlebig, aber laufend Bildung neuer Knospen
Weitere Arten: *Portulaca grandiflora*: großblütiger, knallige Farben, auch halbgefüllte Sorten

Punica granatum

Granatapfel

Punicaceae

VII–X

Herkunft: Ostasien, Kultursorten
Wuchsform: Strauchig, auch als Stämmchen angeboten
Höhe: Bis 200 cm; Sorte 'Nana' 20–50 cm
Blüte/Frucht: Leicht geknitterte, seidige Glocke in sechszipfligem Kelch; einfach oder gefüllt; leuchtend orangerot, auch rosa, weiß, gelb oder zweifarbig orangerot-creme; nach Verblühen bleibt Kelch als Farbträger, der zu orangerotem Granatapfel heranwächst
Blütezeit: Juli–Oktober
Blatt: Länglich eiförmig, 3–8 cm lang, bei 'Nana' 1 cm lang; hellgrün, schöne gelbe Herbstfärbung
Standort/Pflege: Vollsonnig, warm; lehmig-humose Erde; mäßiger Wasser- und Düngerbedarf
Verwendung: Kübel, Topf ('Nana')
Hinweise: Trockenheit wird eher vertragen als Nässe; verträgt leichten Frost, daher später Einräumen als andere Arten; Überwinterung bei 5 °C, auch verhältnismäßig dunkler Stand möglich, da Laub abwerfend

Rhodochiton atrosanguineus

Rosenkleid

Scrophulariaceae

VI–X

Herkunft: Mexiko, Kultursorten
Wuchsform: Schlingend, locker, sehr zierlich
Höhe: 100–200 cm
Blüte: Röhrenförmig, in fünf rundliche Zipfel aufspringend; schirmförmige Blütenhülle, sehr lange haltend; dunkles Purpur, Blütenhülle schönes Purpurrosa
Blütezeit: Juni–Oktober
Blatt: Herzförmig; hellgrün, oft purpurn geadert und getönt
Standort/Pflege: Vollsonnig, warm; nährstoffreiche Erde; mäßiger Wasser- und Düngerbedarf
Verwendung: Beet, Kübel, Ampel, für Zäune und Rankgerüste
Hinweise: Bereits jungen Pflanzen Stab oder Gerüst geben, sonst Kümmerwuchs;

Ricinus communis

Rizinus

Euphorbiaceae

VIII–X

Herkunft: Afrika, Kultursorten
Wuchsform: Strauchig, aufrecht, breit ausladend
Höhe: 150–300 cm
Blüte/Frucht: Einzelblüten klein, cremeweiß, in auffälligem, traubigem purpurrotem Blütenstand; Fruchtstände aus vielen stacheligen Kapseln, auffällig purpurrot
Blütezeit: August–Oktober
Blatt: Handförmig geschlitzt, leicht gezackt; metallisch glänzend; 30 cm und mehr; grün, dunkelbraun oder rotgrün, oft rot geadert
Standort/Pflege: Vollsonnig, warm; durchlässige, nährstoffreiche Erde; hoher Wasser- und Düngerbedarf
Verwendung: Beet, Kübel
Hinweise: Alle Teile der Pflanzen sind giftig, Kinder von den attraktiven bohnenartigen Samen fernhalten!

Rosmarinus officinalis

Rosmarin

Lamiaceae

III–VI

Herkunft: Mittelmeerraum, Kultursorten
Wuchsform: Strauchig, straff aufrecht, wenig verzweigt, auch hängende Sorten
Höhe: 50–100 cm
Blüte: Lippenblüten mit kräftiger „Unterlippe"; hellblau, violett, selten weiß
Blütezeit: März–Juni
Blatt: Nadelförmig, Triebe dicht benadelt; aromatisch duftend; dunkelgrün
Standort/Pflege: Vollsonnig, warm; mäßig nährstoffreiche, durchlässige Erde; mäßiger Wasser- und Düngerbedarf
Verwendung: Beet, Kübel, Topf
Hinweise: Trockenheit gut vertragend, aber bessere Entwicklung bei regelmäßigem Gießen; keine Staunässe; vorzüglicher Nachbar für Rosen; in mildem Klima auspflanzen möglich, sonst Überwinterung kühl und hell; durch Stutzen Verzweigung anregen

Rudbeckia hirta

Rauer Sonnenhut, Rudbeckie

Asteraceae

VII–IX

Herkunft: Nordamerika, in Mitteleuropa eingebürgert, Kultursorten
Wuchsform: Buschig, aufrecht, kompakt
Höhe: 20–40 cm, Schnittsorten 50–80 cm
Blüte: Korbblüten mit kräftigen Strahlenblüten; einfach, gefüllt, halbgefüllt; 5–10 cm; gelb oder orange mit dunkler Mitte, auch Sorten mit rotbrauner Zonierung um die Mitte
Blütezeit: Juli–September
Blatt: Lanzettlich bis eiförmig; rau behaart; frischgrün
Standort/Pflege: Vollsonnig, warm; durchlässige, nährstoffreiche Erde; mäßiger Wasser- und hoher Düngerbedarf
Verwendung: Beet, Kübel, Topf, Schnittblume
Hinweise: Besonders beliebt die blühfreudigen Sorten 'Toto' und 'Becky'
Weitere Arten: Stauden-Rudbeckien wie *Rudbeckia fulgida* 'Goldsturm' oder *Rudbeckia nitida* 'Herbstsonne'

Foto: *Rudbeckia hirta* 'Toto'

Salvia coccinea

Scharlach-Salbei

Lamiaceae

VI–XI

Herkunft: Südamerika, südliche USA, Kultursorten
Wuchsform: Horstig–buschig, aufrecht
Höhe: 30–60 cm
Blüte: Kräftige Röhren mit stark gelappter „Unterlippe", in lockeren Quirlen an stattlichen Blütenähren; leuchtend rot, seltener rosa oder weiß
Blütezeit: Juni–Frost
Blatt: Herzförmig, leicht gesägt, etwas runzlig; frischgrün
Standort/Pflege: Vollsonnig, warm; durchlässige, nährstoffreiche Erde; hoher Wasser- und Düngerbedarf
Verwendung: Beet, Kübel, Topf
Weitere Arten: *Salvia patens*, Azursalbei: blaues Gegenstück zum Scharlachsalbei

Salvia farinacea

Mehl-Salbei

Lamiaceae

VI–IX

Herkunft: Südliche USA, Kultursorten
Wuchsform: Horstig bis buschig, aufrecht
Höhe: 30–70 cm
Blüte: Kleine Lippenblüten in Quirlen an straff aufrechten Blütenähren, Blütenhülle und Ähre mit dichtem, mehlartig weißem Flaum überzogen; blau, violett, weiß
Blütezeit: Juni–September
Blatt: Schmale Herzform; leicht gesägt; frischgrün
Standort/Pflege: Vollsonnig, warm; durchlässige, nährstoffreiche Erde; hoher Wasser- und Düngerbedarf
Verwendung: Beet, Kübel, Topf, Schnittblume
Hinweise: Sorten wie 'Silber' mit besonders dichten Flaum
Weitere Arten: *Salvia viridis (= Salvia horminum)*, Buntschopfsalbei: Schmuckwirkung von rosa, blauvioletten oder weißen Hochblättern ausgehend

Salvia guaranitica 'Black and Blue'

Schwarz-blauer Anissalbei

Lamiaceae

VI–VIII

Herkunft: Südamerika, Kultursorten
Wuchsform: Strauchig, kompakt, wuchskräftig
Höhe: 100–150 cm
Blüte: Lippenblüten, an kräftigen Rispen über den Blättern; strahlend blau mit fast schwarzen Blütenhüllen und -stängeln
Blütezeit: Juli–September
Blatt: Oval, etwas gezähnt; leicht behaart; schwacher Anisgeruch; frischgrün
Standort/Pflege: Volle Sonne, warm; humose, nährstoffreiche, sehr gut durchlässige Erde; mäßiger Wasser- und Düngerbedarf
Verwendung: Beet, Kübel
Hinweise: Rechtzeitiger Rückschnitt verblühter Triebe verlängert die Blütezeit bis in den Herbst; frostfrei überwintern

Salvia officinalis Buntlaubige Sorten

Buntsalbei

Lamiaceae

VI–VIII

Herkunft: Mediterran, Farbauslesen
Wuchsform: Strauchig, kompakt, breit
Höhe: 30–70 cm
Blüte: Lippenblüten, in kräftigen Rispen über den Blättern; violett, selten weiß
Blütezeit: Juni–August
Blatt: Länglich-oval; etwas runzlig, fein behaart; aromatisch; dunkelgrün, weiß oder gelb panaschiert bzw. violett oder rötlich überlaufen
Standort/Pflege: Volle Sonne, warm; durchlässige, mäßig nährstoffreiche Erde; mäßiger Wasser- und Düngerbedarf
Verwendung: Beet, Balkonkasten, Kübel, Topf
Hinweise: Sorten wie 'Purpurascens' (violett), 'Icterina' (gelb) oder 'Tricolor' (weiß panaschiert, rot überlaufen) besonders farbschön; Rückschnitt wird gut vertragen und hält die Pflanze kompakt; auch Sorten mit farbigen Blättern lassen sich gut als Küchenkraut nutzen

Foto: *Salvia officinalis* 'Icterina'

Salvia splendens

Feuersalbei

Lamiaceae

V–X

Herkunft: Brasilien, Kultursorten
Wuchsform: Buschig, aufrecht, gut verzweigt
Höhe: 20–30 cm
Blüte: Kräftige Lippenblüten in kompakten Rispen zusammenstehend; Kelch- und Blütenfarbe oft identisch; scharlachrot, rosa, cremeweiß, purpurn, violett, lavendel, blau oder lachsfarben, auch zweifarbig scharlachrot mit weiß
Blütezeit: Mai–Oktober
Blatt: Herzförmig; leicht gesägt; frischgrün
Standort/Pflege: Vollsonnig, warm; durchlässige, nährstoffreiche Erde; hoher Wasser- und Düngerbedarf
Verwendung: Beet, Balkonkasten, Schale
Hinweise: Kombination mit anderen Arten verlangt etwas Fingerspitzengefühl
Weitere Arten: *Salvia nemorosa*, Stauden-Salbei; *Salvia sclarea*, Muskateller-Salbei: zweijährig; *Salvia elegans (= Salvia rutilans)*, Ananas-Salbei: Gehölz, nicht winterhart

Santolina chamaecyparissus

Heiligenblume

Asteraceae

VI–VIII

Herkunft: Mediterran, Kultursorten
Wuchsform: Strauchig, aufrecht
Höhe: 25–50 cm
Blüte: Kleine Knöpfchen; goldgelb
Blütezeit: Juni–August
Blatt: Nadelförmig, sehr fein gefiedert; aromatisch; silbergrau
Standort/Pflege: Volle Sonne; warm; durchlässige, eher nährstoffarme Erde; mäßiger Wasser- und sehr mäßiger Düngerbedarf
Verwendung: Beet, Kübel, Topf
Hinweise: Rückschnitt – am besten im Frühjahr – wird gut vertragen; lässt sich in Form schneiden; frosthärter ist die grünlaubige Sorte 'Viridis'; gut geeignet zur Abwehr von Motten

Sanvitalia speciosa

Husarenknöpfchen

Asteraceae

V–XI

Herkunft: Mexiko, Kultursorten
Wuchsform: Buschig, breit ausladend, überhängend
Höhe/Trieblänge: 15–20 cm/bis 80 cm
Blüte: Kleine Sternchenblüten; 1 cm; reich blühend; goldgelb mit grüner Mitte
Blütezeit: Mai–Frost
Blatt: Spitzoval; dunkelgrün
Standort/Pflege: Vollsonnig, warm; durchlässige, nährstoffreiche Erde; mäßiger Wasser- und Düngerbedarf
Verwendung: Beet, Balkonkasten, Ampel
Hinweise: Feuchtkühle Witterung wird nicht so gut vertragen
Weitere Arten: *Sanvitalia procumbens*: buschiger als *S. speciosa*, gelbe oder orangefarbene Blütchen mit schwarzer Mitte, auch gefüllt

Foto: *Sanvitalia speciosa* 'Aztekengold'

Satureja douglasii 'Indian Mint' (*Micromeria douglasii*)

Indianerminze

Lamiaceae

V–X

Herkunft: Kanada, Kultursorten
Wuchsform: Kriechend, überhängend, mit aufstrebenden Triebspitzen
Höhe/Trieblänge: 30 cm/80 cm
Blüte: Lippenblüten mit kräftiger dreilappige Unterlippe; einzeln; weiß, rosa überhaucht
Blütezeit: Mai–Oktober
Blatt: Rundlich-oval, fein gezähnt, glänzend; paarweise zusammenstehend; 1–3,5 cm; aromatisch; dunkelgrün
Standort/Pflege: Volle Sonne; warm; durchlässige, eher nährstoffarme Erde; mäßiger Wasser- und sehr mäßiger Düngerbedarf
Verwendung: Beet, Kübel, Topf
Hinweise: Aromapflanze
Weitere Arten: *Satureja montana*, Bergbohnenkraut; *Satureja spicigera*, Kriechendes Bohnenkraut

Scaevola saligna

Fächerblume

Goodeniaceae

V–XI

Herkunft: Neukaledonien, Kultursorten
Wuchsform: Buschig, breit, Triebe überhängend und wieder aufstrebend
Höhe/Trieblänge: 15–20 cm/bis 50 cm
Blüte: Blütenröhre mit fünfzipfligem Fächer; ausdauernd blühend; violettblau, blau, weiß, neue Sorten auch gelb, mit hellem Fleck in der Blütenmitte
Blütezeit: Mai–Frost
Blatt: Spitz-eiförmig, leicht gezackt; dunkelgrün
Standort/Pflege: Vollsonnig, warm; leicht saure, durchlässige Erde; hoher Wasser- und Düngerbedarf
Verwendung: Balkonkasten, Ampel, Schale
Hinweise: Witterungsunempfindlich; Trockenheit wird schnell durch hängende Triebe und Blätter signalisiert; mit eisenhaltigem Dünger düngen; selbst reinigend, d. h. Verblühtes muss nicht entfernt werden

Schizanthus × wisetonensis

Spaltblume, Bauernorchidee

Solanaceae

VII–IX

Herkunft: Chile, Kultursorten
Wuchsform: Buschig, kompakt
Höhe: 20–30 cm
Blüte: Azaleenartig, dicke Dolden; rot, rosa, purpurn oder weiß; gelb-schwarzer Mittelfleck, oft schwarz, rot oder weiß abgesetzt
Blütezeit: Juli–September
Blatt: Farnartig mehrfach geschlitzt; frischgrün
Standort/Pflege: Sonnig, geschützt; leicht saure, durchlässige Erde; hoher Wasser- und mäßiger Düngerbedarf
Verwendung: Balkonkasten, Ampel, Schale, Sommertopfblume
Hinweise: Bei nasskalter Witterung Gefahr von Pilzbefall; weiches anfälliges Gewebe bei zu starker Düngung; abgehärtet auch leichten Frost vertragend

Senna corymbosa (= Cassia corymbosa)

Gewürzrinde

Caesalpiniaceae

VII–X

Herkunft: Tropisches Südamerika, Kultursorten
Wuchsform: Locker wachsender Strauch, selten als Hochstämmchen angeboten
Höhe: Bis 300 cm
Blüte: Doldentrauben, wie über den Busch hingestreut wirkend; gelb
Blütezeit: Juli–Oktober
Blatt: Gefiedert mit 4–5 Blattpaaren, Einzelblättchen 2–4 cm; hellgrün
Standort/Pflege: Volle Sonne, warm; nährstoffreiche, durchlässige Erde; hoher Wasser- und Düngerbedarf
Verwendung: Kübel
Hinweise: Überwinterung kühl; im Winter Laub abwerfend, daher nur geringe Wassergaben; kräftiger Rückschnitt im Frühjahr
Weitere Arten: *Senna didymobotrya* (tropisches Afrika): dekorativer ausladender Strauch mit kräftigen Kerzen aus goldgelben Blüten und fast schwarzen Knospen; Überwinterung bei 12–15 °C.

Solanum jasminoides

Jasmin-Solanum

Solanaceae

VII–X

Herkunft: Brasilien, Kultursorten
Wuchsform: Strauchig, locker, mit dünnen Trieben kletternd, auch als Stämmchen gezogen
Höhe: 50–150 cm
Blüte: Fünfzipflige Schalen, in lockeren Blütentrauben am Ende der Haupt- und Seitentriebe; weiß, selten hellblau
Blütezeit: Juli–Oktober, vorkultiviert auch früher
Blatt: Spitzoval; frisch- bis dunkelgrün
Standort/Pflege: Sonnig bis leicht schattig, warm; lockere durchlässige Erde; hoher Wasser- und Düngerbedarf
Verwendung: Balkonkasten, Kübel
Hinweise: In allen Teilen giftig; verträgt kurzfristig leichten Frost; Überwinterung kühl und relativ trocken bei 5 °C; bei dunkler Überwinterung wird das Laub abgeworfen; Rückschnitt im Frühjahr; Einkürzen bereits vorher möglich
Weitere Arten: *Solanum pseudocapsicum*, Korallenstrauch: meist als Topfpflanze verwendet

Solanum muricatum 'Pepino'

Liebesfrucht

Solanaceae

VI–VIII

Herkunft: Kolumbien, Kultursorte
Wuchsform: Buschig, langtriebig, verzweigt
Höhe: 100 cm
Blüte/Frucht: Fünfzipflig, radförmig; in lockeren Rispen; weiß, violett getönt/Früchte: Eiförmig, erst cremeweiß, bei Reife gelb oder orange mit violetten Längsstreifen
Blütezeit/Fruchtreife: Ab Juni/3 Monate später
Blatt: Spitzoval; mittelgrün
Standort/Pflege: Vollsonnig, warm, windgeschützt; nährstoffreiche, durchlässige Erde; hoher Wasser- und mäßiger Düngerbedarf
Verwendung: Kübel, Ampel
Hinweise: Sehr frostempfindlich, daher nicht vor Ende Mai ins Freie; für Ampeln Triebspitzen rechtzeitig stutzen, um Verzweigung anzuregen; im Kübel lange Triebe aufbinden und Seitentriebe ausbrechen, um Kräfte zu konzentrieren; Überwinterung hell und kühl; Früchte essbar und wohlschmeckend

Sparrmannia africana

Zimmerlinde

Tiliaceae

I–III

Herkunft: Südafrika
Wuchsform: Strauchig, breit ausladend, locker
Höhe: Bis 200 cm
Blüte: Acht Blütenblätter, auffällige Staubgefäße; lockere Dolden; weiß, Staubgefäße rot und gelb
Blütezeit: Januar–März
Blatt: Herzförmig, gelappt, weich behaart; bis 15 cm lang und 10 cm breit; hellgrün
Standort/Pflege: Lichter Schatten, keine Prallsonne, windgeschützt; lockere durchlässige Erde; hoher Wasser- und Düngerbedarf
Verwendung: Kübel
Hinweise: Keine Staunässe; damit sich Blüten entwickeln, Überwinterung hell bei 10–12 °C; nach der Blüte – sofern erforderlich – Rückschnitt

Streptocarpus saxorum

Drehfrucht

Gesneriaceae

V–X

Herkunft: Ostafrika, Kultursorten
Wuchsform: Buschig, überhängend, kompakt
Höhe: 25 cm
Blüte: Röhrenförmig, fünflappig öffnend; zu wenigen auf dünnem Stiel; helles Violettblau
Blütezeit: Mai–Oktober
Blatt: Rautenförmig bis oval; dickfleischig, samtig; mittelgrün
Standort/Pflege: Halbschattig bis schattig; lockere durchlässige Erde; mäßiger Wasser- und Düngerbedarf
Verwendung: Kübel, Ampel, Topf
Hinweise: Keine Staunässe; gegenüber starkwüchsigen Arten nicht sehr konkurrenzfähig; Überwinterung hell und warm bei 10–15 °C

Streptosolen jamesonii

Drehkrone

Solanaceae

IV–VI

Herkunft: Kolumbien, Ecuador, Kultursorten
Wuchsform: Strauchig, locker, mit biegsamen Trieben kletternd, auch als Stämmchen oder Pyramide gezogen
Höhe: Bis 150 cm
Blüte: Röhrenförmig mit fünf runden Zipfeln; in dichten Doldenrispen zusammen stehend; gelborange
Blütezeit: April–Juni
Blatt: Rundlich-oval, rau, leicht klebrig; mit kräftigen Adern; immergrün; mittelgrün
Standort/Pflege: Volle Sonne; lockere durchlässige Erde; hoher Wasser- und Düngerbedarf
Verwendung: Kübel, zum Beranken von Gittern und Gerüsten
Hinweise: Keine Staunässe; Aufbinden oder Gerüst geben; für üppige Blüte deutliche Temperaturunterschiede zwischen Tag und Nacht erforderlich; Überwinterung hell bei 5–10 °C, dann knapp gießen; durch Stutzen Verzweigung anregen

Sutera cordata

Schneeflockenblume

Scrophulariaceae

III–XI

Herkunft: Südafrika, Kultursorten
Wuchsform: Kriechend, flach, überhängend, gut verzweigt
Höhe/Trieblänge: 10 cm/60 cm
Blüte: Fünfzipflige Sternchen; 1 cm; sehr reich blühend; weiß, rosa oder zartblau
Blütezeit: März–Frost
Blatt: Rundlich-herzförmig, leicht gezackt; frischgrün
Standort/Pflege: Sonnig bis halbschattig; lockere durchlässige Erde; hoher Wasser- und mäßiger Düngerbedarf
Verwendung: Beet, Balkonkasten, Ampel
Hinweise: Keine Staunässe; sonst unempfindlich; leichten Frost vertragend; Überwinterung hell und kühl bei 5 °C

Tagetes erecta

Studentenblume

Asteraceae

V–X

Herkunft: Mexiko, Kultursorten
Wuchsform: Aufrecht, kompakt
Höhe: 15–40 cm, Schnittsorten 60–90 cm
Blüte: Dicht gefüllt, ballartig; 8–13 cm; charakteristischer Geruch; gelb, orange
Blütezeit: Mai–Oktober
Blatt: Unregelmäßig gefiedert, Einzelblättchen lanzettlich, fein gezackt; frischgrün
Standort/Pflege: Sonnig bis lichter Schatten; nährstoffreiche, lockere Erde; mäßiger Wasser- und Düngerbedarf
Verwendung: Beet, Schale, Topf, Schnittblume
Hinweise: *Tagetes* werden gern von Schnecken gefressen, daher vor allem junge Pflanzen häufig kontrollieren

Foto: *Tagetes erecta* 'Sunset Giant'

Tagetes patula

Studentenblume

Asteraceae

V–X

Herkunft: Mexiko, Guatemala, Kultursorten
Wuchsform: Aufrecht, kompakt, reich verzweigt
Höhe: 15–30 cm
Blüte: Fünf- bis sechsblättrig, radförmig oder lockere Bälle; ungefüllt, halbgefüllt und dicht gefüllt; 4–7 cm; gelb, orange, rotbraun, braun, oft mehrfarbig
Blütezeit: Mai–Oktober
Blatt: Unregelmäßig gefiedert, Einzelblättchen lanzettlich, fein gezackt; frischgrün
Standort/Pflege: Sonnig bis lichter Schatten; nährstoffreiche, lockere Erde; mäßiger Wasser- und Düngerbedarf
Verwendung: Beet, Balkonkasten, Schale, Topf
Hinweise: Zur Bekämpfung von Bodenmüdigkeit (Nematoden) befallene Fläche ein Jahr lang dicht mit Tagetes bepflanzen; Tagetes werden gern von Schnecken gefressen, daher vor allem junge Pflanzen häufig kontrollieren

Tagetes tenuifolia

Studentenblume

Asteraceae

V–X

Herkunft: Mittelamerika, Kultursorten
Wuchsform: Aufrecht, breit buschig, kompakt
Höhe: 20–30 cm
Blüte: Fünfblättrig, radförmig, ungefüllt; sehr reichblütig; 2–3 cm; gelb, orange, rotbraun, oft mehrfarbig
Blütezeit: Mai–Oktober
Blatt: Unregelmäßig gefiedert, Einzelblättchen sehr schmal, fein gezackt; frischgrün
Standort/Pflege: Sonnig bis lichter Schatten; nährstoffreiche, lockere Erde; mäßiger Wasser- und Düngerbedarf
Verwendung: Beet, Balkonkasten, Schale, Topf
Hinweise: *Tagetes* werden gern von Schnecken gefressen, daher vor allem junge Pflanzen häufig kontrollieren

Tanacetum parthenium

Zierkamille

Asteraceae

VI–X

Herkunft: Südeuropa, Kleinasien, Kultursorten
Wuchsform: Aufrecht, kompakt
Höhe: 15–30 cm, Schnittsorten 40–60 cm
Blüte: Einzelblüten klein, in lockeren Dolden; ungefüllt oder gefüllt; weiß, seltener gelblich
Blütezeit: Juni–Oktober
Blatt: Chrysanthemenartig, stark gebuchtet–gekerbt; charakteristisch riechend; frischgrün
Standort/Pflege: Sonnig bis lichter Schatten; nährstoffreiche, kalkhaltige Erde; mäßiger Wasser- und Düngerbedarf
Verwendung: Beet, Schnittblume
Hinweise: Sät sich an zusagenden Standorten aus; nach Rückschnitt zweiter Blütenflor; eventueller Blattlausbefall durch Abschneiden der betroffenen Triebe gut in Schach zu halten

Thunbergia alata

Schwarzäugige Susanne

Acanthaceae

V–X

Herkunft: Südostafrika, Kultursorten
Wuchsform: Schlingend, feintriebig, locker
Höhe: Bis 200 cm
Blüte: Radförmig, flach, fünflappig; gelb mit schwarzem Auge, seltener weiß oder orange
Blütezeit: Mai–Oktober
Blatt: Herzförmig; frischgrün
Standort/Pflege: Sonnig, warm, etwas windgeschützt; durchlässige, nährstoffreiche, kalkhaltige Erde; mäßiger Wasser- und hoher Düngerbedarf
Verwendung: Beet, Balkonkasten, Kübel, Ampel, für Rankgerüst, Spalier, Zaun
Hinweise: Kurzfristige Trockenheit wird weniger übel genommen als Nässe; Frühzeitig Kletterhilfe geben, sonst Kümmerwuchs
Weitere Arten: *Thunbergia gregorii*: orange; *Thunbergia grandiflora*: große hellblaue Blüten, stark wachsend, anspruchsvoller an Temperatur und Sonne

Thymophylla tenuiloba (= Dyssodia tenuiloba)

Gelbes Gänseblümchen

Asteraceae

V–X

Herkunft: Mexiko, südliche USA, Kultursorten
Wuchsform: Buschig, breit wachsend bis leicht überhängend, feintriebig
Höhe: 15 cm
Blüte: Margeritenblüten; 2 cm breit; sehr reich blühend; goldgelb
Blütezeit: Mai–Oktober
Blatt: Schmal, fein geschlitzt; hellgrün
Standort/Pflege: Vollsonnig; durchlässige, gleichmäßig feuchte Erde; mäßiger Wasser- und Düngerbedarf
Verwendung: Beet, Balkonkasten, Ampel
Hinweise: Zu trockener Stand bewirkt Rückgang der Blütenfülle; keine Staunässe; Samenansatz regelmäßig entfernen

Thymus × citriodorus

Zitronenthymian

Lamiaceae

VI–VII

Herkunft: Mediterran, Kreuzung zweier Arten, Farbauslesen
Wuchsform: Buschig, flach kriechend
Höhe: 15–40 cm
Blüte: Winzige zweilippige Röhre; in Quirlen angeordnet; violett, rosa
Blütezeit: Juni–Juli
Blatt: Rundlich-oval; 0,5 cm; aromatisch; grün oder gelblich, gelb oder weiß panaschiert
Standort/Pflege: Volle Sonne; durchlässige, eher nährstoffarme Erde; mäßiger Wasser- und sehr mäßiger Düngerbedarf
Verwendung: Beet, Balkonkasten, Topf
Hinweise: Gern über Wärme speichernde Steine, bzw. Topfränder wachsend
Weitere Arten: Z. B. *Thymus vulgaris*, Echter Thymian; *Thymus serpyllum*, Sandthymian

Tibouchina urvilleana

Tibouchina

Melastomataceae

V–X

Herkunft: Brasilien, Kultursorten
Wuchsform: Strauchig, etwas sparrig wachsend, auch als Stämmchen gezogen
Höhe: 50 cm–150 cm
Blüte: 6 cm breite, fünfblättrige Blüten mit auffälligen, elegant aufgebogenen Staubgefäßen; hübsche rötliche Knospen; leuchtendes Blauviolett
Blütezeit: Mai–Oktober
Blatt: Spitzoval, samtig, mit drei auffälligen Adern; bis 12 cm lang; dunkelgrün
Standort/Pflege: Sonnig, hell, keine pralle Mittagssonne; durchlässige, nährstoffreiche Erde, Kalk meidend; hoher Wasser- und Düngerbedarf
Verwendung: Kübel
Hinweise: Mit Regenwasser oder entkalktem Wasser gießen; eisenhaltigen Dünger nutzen; umtopfen in Azaleen-Erde; Überwinterung hell bei 5–15 °C, auch dann Ballen feucht halten (nicht nass!); häufig stutzen, um Verzweigung anzuregen; nur bei ausreichend hohen Nachttemperaturen öffnen sich die Knospen im Herbst

Tithonia rotundifolia

Tithonie

Asteraceae

VI–X

Herkunft: Mexiko, Kultursorten
Wuchsform: Buschig, aufrecht, rasch und kräftig wachsend
Höhe: Niedrige Sorten 40–50 cm, hohe 75–150 cm
Blüte: Korbblüte auf charakteristisch verdicktem Stiel; 6–8 cm breit; gelborange Blütenscheibe und leuchtend dunkelorange Zungenblüten;
Blütezeit: Juni–Oktober
Blatt: Länglich-herzförmig, lang gestielt, rau behaart; sattgrün
Standort/Pflege: Vollsonnig; nährstoffreiche Erde; hoher Wasser- und Düngerbedarf
Verwendung: Beet, Kübel
Hinweise: Junge Pflanzen nicht zu eng setzen, sie wachsen kräftig und behindern sich dann gegenseitig

Torenia fournieri

Torenie

Scrophulariaceae

V–X

Herkunft: Südvietnam, Kultursorten
Wuchsform: Buschig, kompakt, kriechend bis hängend
Höhe/Trieblänge: 15–20 cm/60–100 cm
Blüte: Offene Rachenblüten mit kräftiger Röhre; blau, violettblau, rosa, gelb, weiß; meist mit dunkleren oder andersfarbigen "Bäckchen", oft mit hellem oder dunklem Saftmal im Rachen
Blütezeit: Mai–Oktober
Blatt: Rundlich-herzförmig, gezackt, kräftig geädert; dunkelgrün
Standort/Pflege: Halbschattig, hell, warm, geschützt; nährstoffreiche Erde; hoher Wasser- und Düngerbedarf
Verwendung: Beet, Balkonkasten, Ampel, Topf
Hinweise: Frostempfindlich, nicht vor den Eisheiligen nach draußen; eisenhaltigen Dünger geben

Trachycarpus fortunei

Hanfpalme

Arecaceae

(❄)

Herkunft: Südchina, Südjapan
Wuchsform: Baumartig, schlankstämmig, Stamm von Fasernetz umhüllt
Höhe: 400–1.000 cm
Blüte: Klein, in vielblütigen, dicken Rispen; erst an erwachsenen Exemplaren erscheinend; gelb
Blatt: Fächerförmig an festem Stiel, glänzend; bis 90 cm; dunkelgrün, Unterseite silbrig schimmernd
Standort/Pflege: Vollsonnig bis halbschattig, warm; durchlässige Erde mit wenig Nährstoffen; mäßiger Wasser- und Düngerbedarf
Verwendung: Kübel, in mildem Klima auch ausgepflanzt
Hinweise: Zeitweilige Trockenheit vertragend; keine Staunässe; erträgt abgehärtet und windgeschützt bis –10 °C, daher spät ein- und früh ausräumen; Überwinterung frostfrei, nicht zu dunkel
Weitere Arten: *Trachycarpus takil*: besonders winterhart; andere wärmebedürftigere Palmenarten

Tropaeolum majus

Kapuzinerkresse

Tropaeolaceae

V–X

Herkunft: Peru, Kolumbien, Kultursorten
Wuchsform: Buschig, kompakt oder rankend, überhängend; Triebe fleischig
Höhe: Nicht rankende 25 cm; rankende 200 cm
Blüte: Aus fünf Blütenblättern locker zusammengesetzt; Blütenhülle mit kräftigem Sporn; Gelb-, Orange- und Rottöne oft mit feiner Zeichnung; auch halbgefüllte Sorten
Blütezeit: Mai–Oktober
Blatt: Nahezu kreisrund; Stiel in der Blattfläche ansetzend, Adern strahlenförmig davon abgehend; frischgrün, auch Sorten mit dunkelgrünem Laub
Standort/Pflege: Vollsonnig, warm; durchlässige Erde mit wenig Nährstoffen; mäßiger Wasser- und sehr mäßiger Düngerbedarf
Verwendung: Beet, Balkonkasten, Ampel, Schale, für Zäune und Rankgerüste
Hinweise: Extrem frostempfindlich; Blätter und Blüten essbar; Blüten in der Vase sehr haltbar
Weitere Arten: *Tropaeolum peltophorum*: ohne Sporn

Tropaeolum peregrinum

Rankende Kapuzinerkresse

Tropaeolaceae

VI–X

Herkunft: Peru, Ecuador
Wuchsform: Schlingend, locker
Höhe: 400–500 cm
Blüte: 2 große, 3 fadenförmige Blütenblätter, alle stark geschlitzt und gefranst; fünfzipflige Blütenhülle mit kräftigem Sporn; kanariengelb mit feiner orangefarbener Zeichnung
Blütezeit: Juni–Oktober
Blatt: Feigenblattförmig; 2–5 cm; hellgrün
Standort/Pflege: Vollsonnig, warm; durchlässige Erde; mäßiger Wasser- und Düngerbedarf
Verwendung: Beet, Balkonkasten, Kübel, für Zäune und Rankgerüste
Hinweise: Rechtzeitig Kletterhilfe geben; Samenansatz verringert die Blühfreude; spät ausgesäte Pflanzen mit üppiger Blüte bis zum Frost; dann besonders schön vor buntem Herbstlaub

Tulbaghia violacea

Kap-Knoblauch

Alliaceae

VII–VIII

Herkunft: Südafrika, Kultursorten
Wuchsform: Horstig, aufrecht
Höhe: 30–50 cm
Blüte: Graziöse sechsstrahlige Blütensterne mit langer Blütenröhre; zu mehreren in lockerer Dolde auf bis zu 50 cm hohem Stiel getragen; rosa, weiß
Blütezeit: Juli–September
Blatt: Schmale, bis 30 cm lange Blätter; bei Berührung deutlicher Knoblauchgeruch; frischgrün
Standort/Pflege: Vollsonnig, warm; sehr gut durchlässige Erde; mäßiger Wasser- und Düngerbedarf
Verwendung: Beet, Kübel
Hinweise: Blätter in der Küche nutzbar; kann durch seinen Geruch Mücken und Fliegen abwehren; verträgt Frost bis –10 °C, aber sehr winternässeempfindlich; daher besser frostfrei überwintern

Ursinia anethoides

Bärenkamille

Asteraceae

☼ ⊙ VII–X

Herkunft: Südafrika
Wuchsform: Buschig, aufrecht
Höhe: 30 cm
Blüte: Margeritenblüten auf hohem Stiel; bis zu 60 an einer Pflanze; orange mit braunem Ring
Blütezeit: Juni–August
Blatt: Dillartig, fein geschlitzt; hellgrün
Standort/Pflege: Vollsonnig, warm; durchlässige Erde; hoher Wasser- und Düngerbedarf
Verwendung: Beet, Balkonkasten, Schale
Hinweise: Keine Staunässe; Regen und Kühle werden schlecht vertragen

Verbena bonariensis

Hohes Eisenkraut

Verbenaceae

☼ 4 ⊙ VII–X

Herkunft: Brasilien, Argentinien
Wuchsform: Sparrig, aufrecht, reich verzweigt, dünnstielig, fast kahl erscheinend
Höhe: Bis 120 cm
Blüte: Winzige Röhrenblütchen in dichten Dolden; fliederfarben
Blütezeit: Juli–Oktober
Blatt: Lanzettlich, schmal; dunkelgrün
Standort/Pflege: Vollsonnig, warm; durchlässige Erde; mäßiger Wasser- und Düngerbedarf, anspruchslos
Verwendung: Beet, Schnitt
Hinweise: Schwierig auf nassen, schweren Böden, sonst anspruchslos; an geschützten Stellen Überwinterung draußen möglich; schön als zarter Schleier über Sommerblumen- oder Staudenpflanzungen
Weitere Arten: *Verbena rigida*, *Verbena canadensis*: 20–40 cm; beide mit ähnlichem Wildcharakter wie *V. bonariensis*

Verbena-Hybriden

Garten-Eisenkraut

Verbenaceae

VI–X

Herkunft: Amerika, Kreuzungen aus verschiedenen Arten
Wuchsform: Buschig, aufrecht, kompakt
Höhe: 20–40 cm
Blüte: Fünflappige Röhrenblüten in dichten Dolden; weiß, rosa, rosagelblich, rot, violett oder blau, meist mit weißem Auge, auch marmoriert oder gesternt
Blütezeit: Juni–Oktober
Blatt: Schmal-dreieckig, stark gezackt; dunkelgrün
Standort/Pflege: Vollsonnig, warm; nährstoffreiche, durchlässige Erde; mäßiger Wasser- und Düngerbedarf
Verwendung: Beet, Balkonkasten, Schale
Hinweise: Schwierig auf nassen, schweren Böden

Verbena-Hybriden

Hänge-Verbenen

Verbenaceae

V–X

Herkunft: Amerika, Kreuzungen aus verschiedenen Arten
Wuchsform: Kriechend bzw. überhängend bis halbaufrecht, ausladend
Höhe/Trieblänge: 5–25 cm/50–90 cm
Blüte: Fünflappige Röhrenblüten in dichten Dolden; reich blühend; weiß, rosa, rot, purpur, violett oder blau
Blütezeit: Mai–Oktober
Blatt: Schmal-dreieckig, stark gezackt bis gefiedert; dunkelgrün
Standort/Pflege: Vollsonnig, warm; nährstoffreiche, durchlässige Erde; hoher Wasser- und Düngerbedarf
Verwendung: Beet, Balkonkasten, Ampel, Schale
Hinweise: Besonders reichblütig und langtriebig: Stecklingsvermehrte Verbenen Sortengruppen wie Tapien®, Temari®, Patio Temari®; in heißen Sommern Blühpause durch Ausputzen welker Blütenstände verhindern

Foto: *Verbena*-Hybriden 'Tapien® Pink'

Viburnum tinus

Mittelmeer-Schneeball, Lorbeer-Schneeball

Caprifoliaceae

(❄) X–IV

Herkunft: Mittelmeerraum, Kultursorten
Wuchsform: Strauchig, auch als Stämmchen angeboten
Höhe: Bis 300 cm
Blüte: Fünflappig, kurze Röhre; in 5–7 cm breiten Dolden; weiß, Knospen rosa
Blütezeit: Oktober–April
Blatt: Spitzoval, ledrig; dunkelgrün
Standort/Pflege: Sonnig bis heller Schatten, ohne pralle Mittagssonne; warm; nährstoffreiche, durchlässige Erde; mäßiger Wasser- und Düngerbedarf
Verwendung: Beet, Kübel
Hinweise: Nur während des Triebwachstums bis Ende Juli düngen; ausgepflanzt in milden Regionen Überwinterung draußen möglich, Kübel gegebenenfalls einpacken; sonst Überwinterung hell bei 5 °C

Vinca minor

Kleines Immergrün

Apocynaceae

❄ IV–V

Herkunft: Heimisch, Europa, Kultursorten
Wuchsform: Kriechend, flach bzw. hängend
Höhe: 15 cm
Blüte: Fünflappige Röhre, radförmig; mittelblau, selten weiß
Blütezeit: April–Mai
Blatt: Lanzettlich, glänzend; immergrün; dunkelgrün
Standort/Pflege: Licht- bis halbschattig; durchlässige, humose Erde; mäßiger Wasser- und Düngerbedarf
Verwendung: Beet, Kübel, Ampel
Hinweise: Sehr guter Bodendecker auch im Wurzelfilz hoher Bäume
Weitere Arten: *Vinca major*, Großes Immergrün: großblättriger, -blütiger, aber frostempfindlicher als *Vinca minor*, gegebenenfalls Winterschutz geben, bzw. Kübel geschützt aufstellen

Viola hederacea

Australisches Veilchen

Violaceae

IV–X

Herkunft: Australien
Wuchsform: Flach, mattenförmig kriechend, überhängend, reich verzweigt
Höhe/Trieblänge: Bis 10 cm/30 cm,
Blüte: Rundliche Veilchenblüten; Blütenfarbe: violett-weiß
Blütezeit: April–Oktober
Blatt: Rundlich; immergrün; frischgrün
Standort/Pflege: Mäßig sonnig bis halbschattig, Kühle liebend; humose Erde; hoher Wasser- und mäßiger Düngerbedarf
Verwendung: Beet, Balkonkasten, Ampel
Hinweise: Verträgt radikalen Rückschnitt; Überwinterung hell bei 5–18 °C, dann nur leicht feucht halten

Xerochrysum bracteatum (= Helichrysum bracteatum, Bracteantha bracteatum)

Strohblume

Asteraceae

VII–X

Herkunft: Australien, Kultursorten
Wuchsform: Breitbuschig, kompakt, auch hängend; Schnittsorten aufrecht
Höhe: Balkonsorten 30–40 cm, Schnittsorten 70–100 cm
Blüte: Korbblüten 3–4 cm breit mit glänzenden, papierartigen Strahlenblüten; einfach, halbgefüllt, gefüllt; gelb, orange, rot, pink, rosa oder weiß
Blütezeit: Juli–Oktober, Stecklingssorten ab Mai
Blatt: Schmal, lanzettlich; dunkelgrün
Standort/Pflege: Volle Sonne, warm, etwas regengeschützt; durchlässig Erde; mäßiger Wasser- und Düngerbedarf
Verwendung: Beet, Balkonkasten, Ampel, Topf, Trockenblume
Hinweise: Niedrige Sorten selbst reinigend; hohe Sorten zum Trocknen kurz vorm völligen Aufblühen schneiden

Zantedeschia aethiopica

Zimmerkalla

Araceae

I–VI

Herkunft: Südafrika, Kultursorten
Wuchsform: Horstig, aufrecht, mit fleischigen Knollen
Höhe: 50 cm
Blüte: Hochblatt (Spatha) 12–15 cm lang, Kolben umhüllend; makellos weiß
Blütezeit: Januar–Juni
Blatt: Breit-pfeilförmig, 15–20 cm lang; frischgrün
Standort/Pflege: Sonnig bis heller Schatten, ohne pralle Mittagssonne; nährstoffreiche Erde; sehr hoher Wasser- und hoher Düngerbedarf
Verwendung: Kübel, Schnittblume
Hinweise: Sumpfpflanze, daher am besten in unten geschlossenen Kübel pflanzen; nach der Blüte im Sommer ca. 8-wöchige Ruhepause bei trocken-warmem Stand; Neuaustrieb im Spätherbst; Überwinterung hell nicht zu warm (unter 12 °C)
Weitere Arten: *Zantedeschia*-Hybriden: schlankere Blüten in Gelb, Rot, Purpur, Orange; Blätter oft dekorativ gefleckt; Ruhepause im Winter!

Zea mays

Ziermais

Poaceae

VII–X

Herkunft: Mittelamerika, Kultursorten
Wuchsform: Horstig, straff aufrecht
Höhe: 150 cm
Blüte/Frucht: Kolbenförmig, mit langem „Heu"; grün/Früchte: Lange vielfarbige Kolben in den Grundtönen gelb und braun
Blüte/Fruchtreife: Juli bis Oktober/Oktober
Blatt: Riemenförmig; mittelgrün
Standort/Pflege: Vollsonnig, warm; nährstoffreiche, durchlässige Erde; hoher Wasser- und mäßiger Düngerbedarf
Verwendung: Beet, Kübel
Hinweise: Erdbeermais: Kurze kompakte Kolben (5 cm) mit roten, gelben oder vielfarbigen Körnern; neben den Ziersorten bietet sich Kultur von Zuckermais an z. B. mit Sorten wie 'Aztec', 'Golden Supersweet' oder 'Earlybird'

Zinnia angustifolia

Zinnie

Asteraceae

V–X

Herkunft: Mexiko, Kultursorten
Wuchsform: Buschig, breit, kompakt
Höhe: 20–30 cm
Blüte: Einfach; 5 cm; sehr reichblütig; rot, gelb, orange oder weiß
Blütezeit: Mai–Oktober
Blatt: Schmal lanzettlich; blaugrün
Standort/Pflege: Vollsonnig, warm; humose, nährstoffreiche Erde; mäßiger Wasser- und Düngerbedarf
Verwendung: Beet, Schale, Schnittblume
Hinweise: Empfindlich gegen Kühle, sonst gesund und unkompliziert

Foto: *Zinnia angustiflora* 'Profusion Cherry'

Zinnia elegans

Gartenzinnie

Asteraceae

VII–X

Herkunft: Mexiko, Kultursorten
Wuchsform: Buschig, kompakt
Höhe: 20–40 cm, Schnittsorten bis 80 cm
Blüte: Dahlienförmig, pomponförmig, gefüllt oder halbgefüllt; 3–10 cm; weiß, rosa, rot, orange, gelb, violett oder zartgrün
Blütezeit: Juli–Oktober
Blatt: Spitzoval, mit drei kräftigen Adern; frischgrün
Standort/Pflege: Vollsonnig, warm; humose, nährstoffreiche Erde; mäßiger Wasser- und Düngerbedarf
Verwendung: Beet, Schale, Sommertopfpflanze, Schnittblume
Hinweise: Sehr wärmebedürftig, daher nicht vor Ende Mai auspflanzen; Zinnien knospig setzen, blühende lassen sich schlecht verpflanzen

Blütenzauber im Herbst

Für viele Menschen gehören das Rotviolett von Heide und Erika, das Blau und Violett der Astern sowie die gelben, orangen, braunen, weißen oder violetten Farben der Chrysanthemen zum Herbst. Letztere haben neue, starke Impulse bekommen, seit sie als große, runde Blütenbälle, häufig Garden Mums genannt, angeboten werden. Fruchttragende Gehölze, Teppichbeere *(Gaultheria)* und Torfmyrte *(Pernettia)* ergänzen als Begleiter traditionell die Herbstblüher. Bei der *Calluna*-Heide sind die ausdauernd blühenden Knospenblüher besonders begehrt. Unter den Astern sind es vor allem die niedrigen Stauden-Sorten, die sich für herbstliche Schalen und Gefäße eignen.

Neuentdeckt: Alpenveilchen und Kürbis

Eine echte Bereicherung für den Herbst sind die Alpenveilchen. Sie wuchsen früher ausschließlich auf der Fensterbank und galten als viel zu empfindlich, um sie nach draußen zu stellen. Mittlerweile hat sich herum gesprochen, wie robust die Topfpflanzen dem rauen Herbstwetter widerstehen. Unerschrocken öffnen sie Blüte um Blüte, die Blätter stehen straff aufrecht. Probleme, wie auf der Fensterbank über der Heizung gibt es hier nicht. Und mit dem Rosa, Rot und Weiß von Callunen und Eriken harmonieren sie beeindruckend schön.

Mit der Halloween-Welle, die aus den USA nach Deutschland herüber geschwappt ist, steigt auch die Begeisterung für die vielgestaltigen Kürbisformen. Längst sind es nicht mehr die Zierkürbisse allein, die als Dekorationselemente genutzt werden. In Gelb oder Orange, sanftem Grün, Braun, Rot oder Cremeweiß fügen sich auch die essbaren Exemplare in das herbstliche Blühen ein.

Winterfärbung

Einen noch kaum gehobenen Schatz für Balkonkasten und Kübel bilden Pflanzen, die mit fortschreitender Kälte eine immer intensivere Rotfärbung annehmen. Sie schützen damit ihre empfindlichen Zellen vor Frost. Bergenia cordifolia 'Winterglut' ist eine davon. Viele Efeu-Sorten erröten unter dem Hauch der Kälte genauso wie die jungen Blätter der Mandelwolfsmilch *(Euphorbia amygdaloides)*. Leuchtende Farben zaubert der Bleiwurz *(Ceratostigma plumbaginoides)* auf seine Blätter. Allerdings besitzen längst nicht alle Vertreter einer Art in gleichem Maße die Fähigkeit zur Rotfärbung. Daher heißt es, auf den Hinweis „Winterfarbe" achten.

Späte oder frühe Blüte

Die einen blühen noch, die anderen schon. Besonders späte Herbstblüher und vorzeitige Frühlingsblüher setzen überraschende Akzente in Kübel und Kasten. Stiefmütterchen und Ministiefmütterchen gehören dazu. Massenblüte wie im Frühjahr bringen sie zu dieser späten Jahreszeit natürlich nicht. Aber die einzelnen Blütengesichter trösten, dass das nächste Frühjahr wirklich kommt. Die Chinesische Bleiwurz *(Ceratostigma)* steckt zu roten Blättern himmelblaue Blüten auf.

Die Silberrand-Chrysantheme *(Ajania pacifica)* entwickelt goldgelbe Knöpfe, die über silbern gerandeten Blättern leuchten. Die Rubin-Ziererdbeere zeigt knallrote Blüten über frischgrünem Laub. Rot oder rosa stehen auch frühe Bergenienblüten über den Blättern. Besonders zuverlässig darf man das von *Bergenia cordifolia* 'Herbstblüte' erwarten. Mit ihrem glühenden Purpur gehören die hohen Fetthennen (*Sedum*-Hybriden) schon lange zum herbstlichen Garten. Aber auch im Kübel halten ihre Farbe lange und wirken verblüht noch als markante Gestalten.

Bunte Blätter

Neu in Szene setzen sich im Herbst auch die Strukturpflanzen und buntblättrigen Kräuter. Gaben sie im Sommer den prächtigen Blühern der Vortritt, so fallen nun die bizarren Stängel des Silberkörbchens genauso ins Auge wie das schöne Gold des Pfennigkrauts *(Lysimachia nummularia* 'Goldilocks'*)*. Lavendel und *Santolina*, buntblättriger Thymian und Salbei zeigen noch einmal, was in ihnen steckt.

Die meisten dieser schön belaubten Pflanzen sind winterharte Stauden. Sie wirken auch den Winter hindurch ansprechend und können im Frühjahr als Partner für die ersten Zwiebelblumen, *Bellis* und Primeln dienen. Danach wandern sie ins Staudenbeet oder werden im Kübel in den Hintergrund gerückt. Gefahr droht den Wintergrünen nur durch andauernde Trockenheit, wenn der Kasten durchgefroren ist und keine Feuchtigkeit nachgeliefert werden kann. Trockene Kästen und Kübel gießen, heißt es daher auch im Winter, wenn milde Wetterlagen es zulassen.

Acorus gramineus

Graskalmus

Acoraceae

4 (❄)

Herkunft: Japan, China, Indien, Selektionen
Wuchsform: Horstig; Halme steif aufrecht oder bogig überhängend
Höhe: 15–25 cm
Blatt: Linealisch-schmal, fächerförmig angeordnet; immergrün; mittelgrün, Sorten mit hellgelben oder weißen Streifen
Standort/Pflege: Sonnig, geschützt; nährstoffreiche Erde; hoher Wasser- und mäßiger Düngerbedarf
Verwendung: Balkonkasten, Kübel, Ampel, Schale
Hinweise: Wichtige Sorten 'Ogon' (gelbbunt) und 'Variegatus' (weißbunt); etwas Winterschutz geben; nach kaltem Winter erst unansehnlich, daher in rauen Regionen gegebenenfalls Überwinterung hell und kühl drinnen

Foto: *Acorus gramineus* 'Variegatus'

Ajania pacifica

Ajania

Asteraceae

4 (❄) ✕

Herkunft: Japan, Kultursorten
Wuchsform: Rundlich-buschig; aufrecht, kompakt; auch als Stämmchen angeboten
Höhe: 25–50 cm
Blüte: Knopfförmige Korbblütchen; selten mit Kranz kurzer rundlicher Blütenblättchen; lockere Dolden; goldgelb, Blütenblättchen – sofern vorhanden – weiß
Blütezeit: Oktober
Blatt: Chrysanthemenartig, stark gebuchtet; grün mit auffälligem Silberrand und weißfilziger Unterseite
Standort/Pflege: Sonnig bis halbschattig; nährstoffreiche Erde; mäßiger Wasser- und Düngerbedarf
Verwendung: Balkonkasten, Kübel, Schale, Topf
Hinweise: Kann in milden Regionen draußen überleben

Foto: *Ajania pacifica* 'Silver and Gold'

Ajuga reptans

Kriechender Günsel

Lamiaceae

❄ (X) III–IV

Herkunft: Europa, Selektionen
Wuchsform: Rosettenförmig, Ausläufer bildend, kriechend, überhängend
Höhe: 15 cm
Blüte: Röhre in fünf ungleich großen Kronblättern endend; in Quirlen an kurzen beblätterten Stängeln; blassblau
Blatt: Spatelförmig, metallisch glänzend; immergrün; weißgrün, gelbgrün, rosarot überlaufen, dunkelbraun oder dunkelbraun mit gelben, roten und grünen Flecken
Standort/Pflege: Sonnig bis halbschattig; humose, nährstoffreiche Erde; hoher Wasser- und mäßiger Düngerbedarf
Verwendung: Beet, Balkonkasten, Schale
Hinweise: Blattfarbe intensiviert sich bei kalter Witterung; blüht häufig bereits im Herbst; schönblättrige Sorten sind z. B. 'Burgundy Glow', weiß panaschiert, rötlich überlaufen; 'Catlins' s Giant' olivgrün-purpur getönt, metallisch glänzend; 'Mahagony', mahagonibraun

Foto: *Ajuga reptans* 'Makagany'

Alternanthera ficoidea

Papageienblatt

Amaranthaceae

Herkunft: Peru, Selektionen
Wuchsform: Buschig, dicht, reich verzweigt
Höhe: Bis 30 cm
Blüte: Unauffällig, klein
Blatt: Lanzettlich bis spitzoval, gedreht; rotgrün, gelbgrün, rot und gelb panaschiert
Standort/Pflege: Sonnig bis halbschattig; humose, nährstoffreiche Erde; mäßiger Wasser- und Düngerbedarf
Verwendung: Beet, Schale, Topf
Hinweise: Lässt sich gut in Form schneiden, oft als flächige Matte geschnitten; im Winter als Zimmerpflanze mit kühlem Stand verwendbar

Aster dumosus

Kissenaster

Asteraceae

VIII–X

Herkunft: Nordamerika, Kultursorten
Wuchsform: Buschig, kompakt, kräftig verzweigt, aufrecht
Höhe: 20–50 cm
Blüte: Korbblütchen mit zahllosen feinen Strahlenblüten um die gelbe Mitte, zu vielen am Stängel getragen; oft verschwindet das Laub förmlich unter der Blütenfülle; dunkelblau, hellblau, violett, rot, rosa, weiß
Blütezeit: August–Oktober
Blatt: Schmal, lanzettlich; dunkelgrün
Standort/Pflege: Sonnig; humose, nährstoffreiche Erde; hoher Wasser- und Düngerbedarf
Verwendung: Beet, Schale, Kübel, Topf
Hinweise: Astern, die im Frühsommer voll blühend angeboten werden, sind vorgetrieben und überleben meist nicht lange
Weitere Arten: Hohe Astern wie *Aster novi-belgii* oder *Aster novae-angliae*

Foto: *Aster dumosus*-Hybride 'Starlight'

Bergenia cordifolia 'Herbstblüte'

Herbstblühende Bergenie

Saxifragaceae

IV–V, XI

Herkunft: Altai, Mongolei, Kultursorten
Wuchsform: Grundständig, aufrecht
Höhe: 25–50 cm
Blüte: Glockig, in stattlichen Dolden auf hohem Stiel; rosa, mit rötlichem Auge, Kelch und Stiel
Blütezeit: April–Mai, November
Blatt: Rundlich bis oval, lang gestielt, gewellter Rand; derb-ledrig; bis 20 cm; frischgrün, kräftig rote Herbstfärbung, die sich mit zunehmender Kühle vertieft
Standort/Pflege: Sonnig bis schattig; humose, durchlässige Erde; mäßiger Wasser- und Düngerbedarf
Verwendung: Beet, Schale, Topf
Hinweise: Neben der Sorte 'Herbstblüte' viele Bergenien-Sorten wie 'Winterglut' oder 'Opal' mit schöner Herbstfärbung und Frühlingsblüte

Calluna vulgaris Knospenblüher

Knospenblühende Sommerheide

Ericaceae

IX–XII

Herkunft: Europa, Kultursorten
Wuchsform: Strauchig, aufrecht, locker
Höhe: 15–25 cm
Blüte: Nicht öffnende Knospen in dichten Rispen; rosa, rot, weiß
Blütezeit: September–Dezember
Blatt: Klein, schuppenartig, hart; hell- bis dunkelgrün, gelb, auch Sorten mit rötlicher Winterfärbung
Standort/Pflege: Sonnig; durchlässige, sandige, leicht saure Erde; mäßiger Wasser- und Düngerbedarf
Verwendung: Beet, Schale, Topf
Hinweise: Sorten der Knospenblüher aus natürlicher Mutation entstanden; während normale Heide nach der Bestäubung verblüht, bleiben die Knospenblüher monatelang ansehnlich

Calocephalus brownii (= Leucophyta brownii)

Silberkörbchen

Asteraceae

Herkunft: Australien, Kultursorten
Wuchsform: Buschig, nestartig, reich verzweigt, überhängend
Höhe: 20–40 cm
Blatt: Winzig, schuppenartig, weißfilzig; immergrün; silbergrau
Standort/Pflege: Sonnig; durchlässige, leicht saure Erde; sehr mäßiger Wasser- und Düngerbedarf
Verwendung: Beet, Schale, Kasten, Topf
Hinweise: Wenig anspruchsvoll; Überwinterung hell und lufttrocken möglich; verträgt Formschnitt sehr gut, früher gern zu Kugeln geschnitten

Carex petriei 'Bronze Form'

Bronzesegge

Cyperaceae

2 (❄)

Herkunft: Neuseeland, Selektionen
Wuchsform: Horstig, schlank, aufrecht
Höhe: 40 cm
Blatt: Linealisch, sehr schmal, elegant gebogen; immergrün; bronzegrün
Standort/Pflege: Sonnig; durchlässige Erde; mäßiger Wasser- und Düngerbedarf
Verwendung: Beet, Schale, Topf
Hinweise: Leichten Winterschutz geben
Weitere Arten: Z. B. *Carex hachijoensis* 'Evergold': Nestartig mit apart gedrehten Halmen; *Carex testacea*: aufrecht bis überhängend, graugrün, orange Herbstfärbung

---

Celosia 'Venezuela'-Serie

Venezuela-Celosie

Amaranthaceae

VII–X

Herkunft: Mittelamerika, Kultursorten
Wuchsform: Buschig, aufrecht
Höhe: 25–50 cm
Blüte: Einzelblüten winzig; je nach Sorte stark oder wenig verzweigte, schmale Rispen; im Laufe der Blütezeit immer länger oder dichter wachsend; leuchtend rot, purpur, violett
Blütezeit: Juli–Oktober
Blatt: Schmal rautenförmig, leicht gewellter Rand; mittel- bis dunkelgrün
Standort/Pflege: Vollsonnig, warm; durchlässige Erde; mäßiger Wasser- und Düngerbedarf
Verwendung: Beet, Sommertopfpflanze, Schnittblume, Trockenblume
Hinweise: An der Spitze der Blütenstände oft zu leichten Verbänderungen neigend; ausdauernde Blüher in Topf und Vase

Ceratostigma plumbaginoides

Bleiwurz

Plumbaginaceae

VIII–X

Herkunft: China, in Südeuropa eingebürgert, Kultursorten
Wuchsform: Buschig, flach, kriechend
Höhe: 25 cm
Blüte: Fünfblättrig, radförmig, in kleinen Büscheln; enzianblau
Blütezeit: August–Oktober
Blatt: Spitzoval; hellgrün mit zunehmender Kälte im Herbst rot färbend
Standort/Pflege: Sonnig bis halbschattig; kalkhaltige, durchlässige Erde; mäßiger Wasser- und Düngerbedarf
Verwendung: Beet, Balkonkasten, Schale
Hinweise: Schöner Bodendecker für trockene Standorte

Chrysanthemum Indicum-Gruppe

Gartenchrysanthemen

Asteraceae

VIII–X

Herkunft: Japan, Kultursorten
Wuchsform: Buschig, aufrecht, dicht, auch als Stämmchen angeboten
Höhe: 25–60 cm
Blüte: Korbblüte in vielen Formen: ungefüllt, halb-, voll gefüllt, Spinnen-, Ball-Anemonen-, Pomponform; weiß, gelb, orange, rosa, rot, violett oder braun, auch zweifarbig
Blütezeit: August–Oktober
Blatt: Stark gebuchtet; dunkelgrün
Standort/Pflege: Sonnig, warm, windgeschützt; durchlässige, nährstoffreiche Erde; hoher Wasser- und Düngerbedarf
Verwendung: Beet, Balkonkasten, Kübel
Hinweise: Abschneiden verwelkter Blüten erleichtert das Nachblühen; oft unter dem Begriff Garden-Mums angeboten

Cyclamen persicum

Alpenveilchen

Primulaceae

VIII–XI

Herkunft: Griechenland, Libanon, Nordafrika, Kultursorten
Wuchsform: Buschig, rundlich, kompakt
Höhe: Bis 30 cm
Blüte: Fünf zurückgeschlagen getragene Blütenblätter; einzeln auf kahlem Stiel; weiß, rosa, rot, violett, oft andersfarbig gerandet, geflammt oder mit Auge
Blütezeit: August–November (danach im Zimmer weiterblühend)
Blatt: Rundlich bis herzförmig; einzeln auf kahlem Stiel; mittel- bis dunkelgrün, oft mit weißer oder silbriger Zeichnung
Standort/Pflege: Mäßig sonnig bis halbschattig; nährstoffreiche, durchlässige Erde; hoher Wasser- und mäßiger Düngerbedarf
Verwendung: Beet, Kasten, Schale
Hinweise: Als Zimmerpflanze bekannt, aber mit ausgezeichneter Haltbarkeit bei herbstlicher Witterung; vorm Frost reinholen und im Zimmer weiter kultivieren
Weitere Arten: *Cyclamen hederifolium*, *Cyclamen coum*: winterharte Gartenalpenveilchen für sommertrockene Plätze

Erica gracilis

Topf-Erika

Ericaceae

IX–XII

Herkunft: Südafrika, Kultursorten
Wuchsform: Strauchig, aufrecht, mehrjährige Exemplare auch als Stämmchen, Solitär oder „Bonsai" angeboten
Höhe: 25 cm, mehrjährige auch 50–60 cm
Blüte: Große Fülle winziger, glockenförmiger Heideblüten, in dichten Rispen; rot, rosa oder weiß
Blütezeit: September–Frost
Blatt: Winzige, nadelartige Blättchen; dunkelgrün
Standort/Pflege: Sonnig; durchlässige, leicht saure Erde; hoher Wasserbedarf, da fertig blühend angeboten kein Dünger nötig
Verwendung: Beet, Balkonkasten, Schale, Topf, Strauß
Hinweise: Gießen verhindert das Rieseln der Blüten und erhält die frische Farbe bis in den Winter

Erysimum linifolium 'Variegatum'

Bunt-Schöterich

Brassicaceae

III–V

Herkunft: Spanien, Portugal, Selektionen
Wuchsform: Strauchig, aufrecht
Höhe: 25–50 cm
Blüte: Vierblättrig, klein, in lockeren Trauben; blasslila
Blütezeit: März–Mai, auch schon Oktober/November
Blatt: Weidenartig, schmal; mittelgrün, gelb panaschiert
Standort/Pflege: Sonnig, warm; durchlässige Erde; mäßiger Wasser- und Düngerbedarf
Verwendung: Beet, Balkonkasten, Schale, Topf
Weitere Arten: *Erysimum* × *allionii*: orangegelber Frühlingsblüher; *Erysimum* 'Bowles Mauve': violettblühender Busch

Gaultheria mucronata (= Pernettya mucronata)

Torfmyrte

Ericaceae

V–VI

Herkunft: Südchile bis Feuerland, Kultursorten
Wuchsform: Strauchig, aufrecht, fein verzweigt
Höhe: 30–100 cm
Blüte/Frucht: Krugförmig; 0,5 cm; weiß, rosa angehaucht; Früchte: Weiß, rosa, rot, purpurn oder lila
Blütezeit: Mai–Juni
Blatt: Eiförmig bis lanzettlich, dornig zugespitzt; ledrig-glänzend; immergrün; dunkelgrün
Standort/Pflege: Mäßige Sonne bis Halbschatten; humose, durchlässige, leicht saure Erde; hoher Wasser- und mäßiger Düngerbedarf
Verwendung: Beet, Kübel, Schale
Hinweise: Fruchtbesatz oft den ganzen Winter hindurch haltend; keinen Kalk vertragend

Gaultheria procumbens

Teppichbeere, Scheinbeere

Ericaceae

VII–VIII

Herkunft: Nordamerika, Kultursorten
Wuchsform: Polsterartig, flach, kriechend, dicht verzweigt
Höhe: 10–20 cm
Blüte/Frucht: Krugförmig, nickend; einzeln; 0,5 cm lang; weiß, oft rötlich überlaufen; Frucht: rote Beeren bis 1 cm dick
Blütezeit/Fruchtreife: Juli–August/ab August bis Frühjahr
Blatt: Elliptisch, spitz; 5–7 cm lang; glänzend; immergrün; dunkelgrün, im Herbst oft rötliche Färbung
Standort/Pflege: Sonnig bis halbschattig; humose, durchlässige Erde; mäßiger Wasser- und Düngerbedarf
Verwendung: Beet, Kasten, Schale
Hinweise: Fruchtansatz wird durch ausreichende Bodenfeuchtigkeit erhöht; gut als Bodendecker geeignet, Rhododendron-Nachbar!
Weitere Arten: *Gaulnettya wisleyensis*: Kreuzung zwischen *Gaultheria* und *Pernettya*

Hebe × andersonii

Strauchveronika

Scrophulariaceae

VIII–X

Herkunft: Neuseeland, Kultursorten
Wuchsform: Buschig, locker, breit-aufrecht
Höhe: 30–60 cm
Blüte: Dichte Trauben; rot, rosa, blau, violett oder weiß
Blütezeit: August–Oktober
Blatt: Spitzoval, steif abstehend, charakteristisch kreuzweise angeordnet; dunkelgrün, auch gelb und weiß panaschiert oder gerandet
Standort/Pflege: Sonne, ohne pralle Mittagshitze; durchlässige Erde; hoher Wasser- und Düngerbedarf
Verwendung: Kübel, Balkonkasten, Topf
Hinweise: Trockenheit führt zu Gelbwerden der unteren Blätter; Überwinterung hell und bei Temperaturen zwischen 5 und 10 °C; im Frühjahr entspitzen, um die Verzweigung anzuregen
Weitere Arten: *Hebe armstrongii*: mit gelblich-grünem Laub; *Hebe* 'Green Globe': kleinblättrig, sehr kompakt

Helichrysum thianschanicum

Silber-Strohblume

Asteraceae

VI–VIII

Herkunft: Zentralasien, Auslesen
Wuchsform: Buschig, halbkugelig, aufrecht
Höhe: 20–30 cm
Blüte: rundliche, kleine, Blütchen, zu mehreren auf dünnem Stiel; goldgelb
Blütezeit: Juni–August
Blatt: Nadelig schlank; 1–2 cm lang; aromatisch duftend; immergrün, weißfilzig, silbergrau
Standort/Pflege: Sonnig, warm; eher humusarme, sandige Erde; sehr mäßiger Wasser- und Düngerbedarf
Verwendung: Beet, Kasten, Schale
Hinweise: Sehr gut als Strukturpflanze neben bunten Herbstblühern geeignet
Weitere Arten: Andere Helichrysum-Arten unter „Sommerblühern"

Heuchera × brizoides

Heuchera

Saxifragaceae

VI–VIII

Herkunft: Nordamerika, Kreuzungen zwischen verschiedenen Arten
Wuchsform: Buschig-horstig bis teppichförmig, aufrecht
Höhe: Laub 20–30 cm, Blütenstände 50 cm
Blüte: Glockenförmig; meist unter 0,5 cm; in lockeren Rispen an straffen Stielen; weiß, cremegelb, rosa, rot
Blütezeit: Juni–August
Blatt: Herzförmig, stark gebuchtet und gekerbt; bis 8 cm; immergrün; hell- bis dunkelgrün, gelborange, schwärzlich, rot, silberrot, oft mit andersfarbiger Zeichnung und Marmorierung
Standort/Pflege: Mäßige Sonne bis halbschattig; humose, durchlässige Erde; mäßiger Wasser- und Düngerbedarf
Verwendung: Beet, Kasten, Schale
Hinweise: Blattfarbe intensiviert sich mit zunehmender Kühle im Herbst

Imperata cylindrica 'Red Baron'

Japanisches Blutgras

Poaceae

V–VI

Herkunft: Asien, Indien, in warmen Klimaten vielfach eingebürgert, Kultursorten
Wuchsform: Horstig, aufrecht, Ausläufer treibend
Höhe: 30–40 cm
Blüte: Wird nicht gebildet
Blatt: Schlanke, feine Halme und Blätter, die sich im Laufe des Sommers immer stärker färben; intensiv rot
Standort/Pflege: Sonnig bis halbschattig, geschützt; sandig-kiesige, durchlässige Erde; mäßiger Wasser- und Düngerbedarf
Verwendung: Kübel, Beet
Hinweise: Treibt relativ spät aus; besonders schön, wenn Gegenlicht die Farbe intensiviert

---

Sedum reflexum

Felsen-Fetthenne

Crassulaceae

VI–VII

Herkunft: Deutschland, Europa, Kultursorten
Wuchsform: Kissenartig, kriechend, mit aufstrebenden Triebspitzen,
Höhe: 10–20 cm
Blüte: Kleine fünfstrahlige Sternchen, goldgelb
Blütezeit: Juni–Juli
Blatt: Nadelig, walzenförmig, dickfleischig; dicht die Triebe besetzend; je nach Sorte hellgrün, dunkelgrün, gelbgrün, rotgrün, silbergrün
Standort/Pflege: Sonnig; durchlässige, magere Erde; sehr mäßiger Wasser- und Düngerbedarf
Verwendung: Beet, Kübel, Schale
Hinweise: Farbe im Frühjahr besonders intensiv, dann etwas verblassend, im Herbst häufig mit Rottönen untermischt.

Foto: *Sedum reflexum* 'Angelina'

Sedum telephium

Fetthenne

Crassulaceae

IX–X

Herkunft: Deutschland, Europa, Kultursorten
Wuchsform: Horstig, aufrecht
Höhe: 50 cm
Blüte: Fünfblättrige Einzelblütchen; unter 1 cm; in großen, schirmförmigen Dolden; rosa, rot, weiß oder purpurn
Blütezeit: September–Oktober
Blatt: Oval, gesägt; dickfleischig; hellgrün bis blaugrün
Standort/Pflege: Sonnig; durchlässige, magere Erde; sehr mäßiger Wasser- und Düngerbedarf
Verwendung: Beet, Kübel, Schale
Hinweise: Wichtige Sorten z. B. 'Herbstfreude', 'Matrona'; auch trockener Blütenstand noch als markante Gartengestalt wirkend
Weitere Arten: *Sedum spectabile*, *Sedum cauticolum* und viele weitere gartenwürdige *Sedum*-Arten für eher trockene, sonnige Plätze

Senecio cineraria (= Senecio bicolor = Cineraria maritima)

Silberblatt

Asteraceae

Herkunft: Mittelmeerraum, Kultursorten
Wuchsform: Buschig, kompakt
Höhe: 20–30 cm
Blatt: Kaum bis stark gebuchtet oder fein geschlitzt, 5–10 cm lang; weiß- oder silbergraufilzig
Standort/Pflege: Sonnig; durchlässige Erde; geringer Wasser- und Düngerbedarf
Verwendung: Beet, Balkonkasten, Schale
Hinweise: Gesund und robust, solange es nicht nass steht
Weitere Arten: *Pericallis × hybrida (= Senecio cruentus)*, Aschenblume: Topfpflanze

Winterharte Gehölze

Kahl werden Balkon und Terrasse, wenn im Spätherbst die Sommerblumen verblüht und die Kübelpflanzen ins Winterquartier gezogen sind. Während Bäume und Sträucher auch in der Winterzeit Struktur in den Garten bringen, herrscht Leere im hausnahen Bereich. Daher werden mit zunehmender Tendenz auch winterharte Gehölze in Kübel gepflanzt. Sie ertragen die kalte Jahreszeit auch draußen und beleben die verwaisten Plätze.

Dank ihrer Mobilität lassen sie sich samt Kübel je nach Situation an den richtigen Platz schieben. So können sie im Winter mehr in den Vordergrund rücken und außerhalb ihrer Blütezeit den Balkonblumen den Vortritt lassen. Auch auf selten benutzten Einfahrten und Abstellflächen sind dauerhafte Begrünungen mit ihnen möglich.

Auffallende Sorten

Besonders gefragt sind Pflanzen, die durch immergrünes Laub, markante Strukturen und schöne Blüten – sogar mitten im Winter – auffallen. Geschnittener Buchsbaum und Efeu in Form gezogen führen die Liste der Immergrünen an. Kriechspindel *(Euonymus fortunei)*, das nicht ganz frostsichere Schattenglöckchen *(Pieris japonica)*, Zwergkiefer *(Pinus mugo)* oder die dunkelgrüne Eibe *(Taxus baccata)* sorgen für die ganzjährig grüne Kulisse. Auch nach der Blüte im Frühjahr ziehen Weidenbäumchen *(Salix caprea* 'Pendula'*)* und Hängekirsche *(Prunus avium* 'Plena Pendula'*)* durch ihren hängenden Wuchs den Blick auf sich. Selbst blattlos sind sie auffällige Erscheinungen.

Winterjasmin *(Jasminum nudiflorum)*, Winterschneeball *(Viburnum bodnantense* 'Dawn'*)* und die sehr früh im Jahr blühende Mahonie sorgen für Frühlingsstimmung, wenn der Winter sein Regiment nicht beenden will. Die Sehnsucht nach Rosen stillen robuste und blühfreudige Sorten, die auch im Kübel problemlos wachsen. Die bei den Artenbeschreibungen genannte Sorte 'Schneewittchen' ist nur eine von vielen. Sogar der Wunsch nach Rhododendren, nach dem Duft von Flieder oder der zarten Pracht der *Clematis* lässt sich mit geeigneten Sorten auf Balkon und Terrasse erfüllen.

Schönheit allein genügt nicht

Geeignet heißt zunächst einmal kompakt wachsend. Die Gehölze dürfen die Dimensionen des Kübels nicht sprengen und sollten auch nicht stän-

dig auf Kübelmaß zurück geschnitten werden müssen. Kübelgehölze müssen mit dem geringen Bodenvolumen zurecht kommen. Außerdem brauchen sie besonders hohe Widerstandskraft. Die Lebensbedingungen im Kübel oder gar im Kasten sind deutlich unwirtlicher als im gewachsenen Boden. Stärker als dort heizt sich im Kübel die Erde auf. Dadurch treten sehr viel schneller Trockenphasen auf. Durch die gebaute Umgebung herrscht im Regelfall um Kübel und Kasten herum trockenere und wärmere Luft als im Garten. Auch das vertragen viele Arten nicht. Beispielsweise scheiden die Kühle liebenden Nadelgehölze wie Fichten und Tannen weitgehend aus. Sorten wie *Abies balsamaea* 'Nana' und *Picea abies* 'Little Gem' sind Ausnahmen.

Ausreichend Düngen

Während die frostempfindlichen Kübelpflanzen regelmäßig umgepflanzt werden und neue Erde bekommen, werden winterharte Gehölze oft vernachlässigt. Viele hungern nach wenigen Jahren und zeigen nur noch ein schwaches Abbild ihrer wirklichen Schönheit. Langsam fließende Dauerdünger beim Umtopfen in ausreichender Menge in die Kübelerde eingearbeitet, sind ihrem Lebensrhythmus am besten angepasst.

Problem Winterkälte

Trotz großer Winterhärte haben Gehölze im Kübel es in der kalten Jahreszeit schwer. Die Wurzeln sind direkter der Kälte ausgesetzt als im gewachsenen Boden. Während die Kälte normalerweise von oben nach unten geringer wird, greift der Frost im Kübel die Wurzeln auch an den Seiten und am Topfgrund in voller Stärke an. Gerade dort sitzen viele der Feinwurzeln, die für die Versorgung der Pflanze mit Feuchtigkeit und Mineralien zuständig sind. Nehmen sie Schaden, kränkelt die Pflanze im günstigsten Fall oder stirbt ganz ab.

Probleme bereitet vor allem den immergrünen Pflanzen das lange und starke Durchfrieren der Erde. Während Blätter und Nadeln weiter Feuchtigkeit verdunsten, findet Wassernachlieferung aus dem gefrorenen Boden über einen langen Zeitraum nicht statt. Sind die Pflanzen bereits mit einem Flüssigkeitsdefizit in die Frostperiode gegangen – z. B. nach einem trockenen Herbst oder weil sie unter einem Dachüberstand aufgestellt wurden – vertrocknen sie regelrecht.

In Regionen mit andauernd kalten Wetterperioden empfiehlt es sich, auch den frostharten Gehölzen im Kübel Winterschutz zu geben. Das kann eine Noppenfolie sein, die von außen um den Kübel gewickelt wird oder eine Strohmatte. Auch eine dicke Laubpackung tut gute Dienste. Sie wird rund um den Kübel gestopft, der zuvor in einen zweiten größeren Bottich gestellt wurde. Ausreichendes Gießen vor dem Winter und während frostfreier Winterphasen erleichtert den Gehölzen das Überleben.

Abies balsamea 'Nana'

Zwergbalsamtanne

Pinaceae

Herkunft: Nordamerika, Kultursorten
Wuchsform: Nestförmig, flach-rundlich, sehr langsam wachsend
Höhe/Breite: 30/60 cm, im Alter 60/150 cm
Blatt: Nadeln, kurz; gescheitelt angeordnet; aromatisch duftend; dunkelgrün, unterseits zwei weiße Linien
Standort/Pflege: Sonnig bis halbschattig; nährstoffreiche, durchlässige Erde; hoher Wasser- und mäßiger Düngerbedarf
Verwendung: Beet, Kübel
Hinweise: Relativ unempfindlich gegenüber Trockenheit
Weitere Arten: *Abies lasiocarpa* 'Compacta'

Buxus sempervirens

Buchsbaum

Buxaceae

IV–V

Herkunft: Westliches Mitteleuropa, Nordafrika, Nordasien, Kultursorten
Wuchsform: Strauchig, baumartig, dicht verzweigt
Höhe: 50–500 cm
Blüte: Unscheinbar, duftend; gelbgrün
Blütezeit: April–Mai
Blatt: Rundlich bis eiförmig, oft gewölbt, ledrig; 1 cm; immergrün; dunkelgrün, blaugrün, gelb- oder weiß panaschiert
Standort/Pflege: Sonnig bis halbschattig; nährstoffreiche, lockere Erde – optimaler pH-Wert von 7,5; mäßiger Wasser- und Düngerbedarf
Verwendung: Beet, Kübel
Hinweise: Relativ unempfindlich gegenüber Trockenheit; bei schattigem Standort lockerer Wuchs; hohe Schnittverträglichkeit, daher gut für Formschnitt geeignet; Bei schwierigem Standort – sauer, verdichtet – Neigung zu Befall mit Buchsbaumpilz. Besonders unempfindlich gegen Buchsbaum-Pilz: 'Blauer Heinz'
Weitere Arten: *Buxus microphylla*, kleinblättriger Buchsbaum: unempfindlicher gegen Buchsbaum-Pilz als *Buxus sempervirens*, besonders robust 'Herrenhausen'

Callicarpa bodinieri var. *giraldii*

Liebesperlenstrauch, Schönfrucht

Verbenaceae

VII–VIII

Herkunft: Mittel- bis Westchina, Nordasien, Kultursorten
Wuchsform: Strauchig, wenig verzweigt, etwas sparrig
Höhe: 150–250 cm
Blüte/Frucht: Kurzgeröhrt mit vierlappigem Saum, in Trugdolden angeordnet; lila-rosa oder weiß/Frucht: rund, Liebesperlenartig; zu vielen zusammenstehend; auffällig lila
Blütezeit/Fruchtreife: Juli–August/September–Oktober
Blatt: Elliptisch; bis 12 cm; mittelgrün, gelbe Herbstfärbung
Standort/Pflege: Sonnig, warm, geschützt; durchlässige, lehmhaltige Erde; mäßiger Wasser- und Düngerbedarf
Verwendung: Beet, Kübel
Hinweise: Fernwirkung der Beeren relativ gering, daher nahe an den Weg pflanzen bzw. aufstellen; Blüten für Insekten attraktiv

Caryopteris × *clandonensis*

Bartblume

Verbenaceae

(❄) VIII–X

Herkunft: Japan, China, Kreuzung verschiedener Arten
Wuchsform: Strauchig, aufrecht bis breit buschig, locker, vieltriebig
Höhe: 60–100 cm
Blüte: Fünfzipflige Röhre, ein Zipfel verlängert und bartartig gefranst; zu vielen in kurzen Rispen angeordnet; dunkelblau, lavendelfarben oder weiß
Blütezeit: August–Oktober
Blatt: Ei-lanzettlich; ganzrandig oder gezähnt, aromatisch duftend; graugrün
Standort/Pflege: Sonnig, warm, geschützt; durchlässige, nährstoffreiche Erde; mäßiger Wasser- und Düngerbedarf
Verwendung: Beet, Kübel
Hinweise: Gut Trockenheit vertragend; wenig konkurrenzstark; in rauen Lagen durch Abdecken mit Laub schützen, Kübel einpacken; besonders schön- und reichblütige Sorten 'Heavenly Blue', 'Kew Blue'

Chamaecyparis obtusa 'Nana Gracilis'

Kleine Muschelzypresse

Cupressaceae

Herkunft: Japan, Taiwan, Kultursorten
Wuchsform: Kugel- im Alter kegelförmig; Zweige muschel- bis tütenförmig gedreht; sehr langsam wachsend
Höhe: 40/50 cm, im Alter 100–200 cm
Blatt: Schuppenförmige Nadeln, dick; dunkelgrün, ältere Triebe dunkler als junge
Standort/Pflege: Licht- bis halbschattig, windgeschützt; nährstoffreiche, humose Erde; hoher Wasser- und mäßiger Düngerbedarf
Verwendung: Beet, Kübel
Hinweise: Hitzeempfindlich, daher nicht in die pralle Sonne pflanzen bzw. stellen
Weitere Arten: *C. pisifera* 'Filifera Aurea Nana': dünne, bogig überhängende Triebe, gelbe Nadeln; *C. lawsoniana* 'Ellwoodii': aufrecht, bläuliche Benadelung

Clematis Großblütige Gruppe

Großblumige Clematis

Ranunculaceae

V–X

Herkunft: China, Europa, Kreuzung verschiedener Arten
Wuchsform: Rankend, locker, feintriebig
Höhe: 150–600 cm
Blüte: Vier- bis achtblättrig, tellerförmig, auch halbgefüllt oder gefüllt; bis 20 cm; blau, violett, rosa, rot, purpur oder weiß, auch zweifarbig
Blütezeit: Je nach Sorte Mai–Oktober
Blatt: Drei- bis fünfzählig, Einzelblättchen spitzoval; mittelgrün
Standort/Pflege: Vollsonnig, aber Fuß schattig und kühl; durchlässige, nährstoffreiche Erde; hoher Wasser- und mäßiger Düngerbedarf
Verwendung: Beet, Kübel, für Zäune, Spaliere, Pergolen
Hinweise: Vor Neuaustrieb im Frühjahr auf wenige Augen zurückschneiden, das hält die Pflanzen vital und blühfreudig
Weitere Arten: Kleinblumige Arten wie *Clematis montana*: frühjahrsblühend, rosa; *Clematis tangutica*: sommerblühend, gelb; *Clematis alpina*: frühjahrsblühend, blau

Cotinus coggygria

Perückenstrauch

Anacardiaceae

☼ ❄ VI–VII

Herkunft: Südeuropa bis Mittelchina
Wuchsform: Breitbuschig, ausladend, etwas sparrig
Höhe: 200–300 cm
Blüte/Frucht: Klein, in lockeren Rispen; gelb/Fruchtstände: perückenartig, locker, lange haftend; braunrot
Blütezeit/Fruchtreife: Juni–Juli/ab August
Blatt: Oval bis verkehrt eiförmig; 5–8 cm; frischgrün, Herbstfärbung gelborange bis scharlachrot
Standort/Pflege: Sonnig, geschützt; nährstoffreiche, durchlässige, kalkhaltige Erde; mäßiger Wasser- und Düngerbedarf
Verwendung: Beet, Kübel
Hinweise: Sehr hitze- und trockenheitsverträglich; Sorte 'Royal Purple' mit schwarzrotem Laub

Foto: *Cotinus coggygria* 'Royal Purple'

Cytisus × kewensis

Niedriger Elfenbein-Ginster

Fabaceae

☼ ❄ VI–VII

Herkunft: Südeuropa, Kreuzung verschiedener Arten
Wuchsform: Strauchig, locker, aufrecht bis niederliegend
Höhe/Breite: 30–50 cm/bis 100 cm
Blüte: Schmetterlingsblüten, Kelch röhrenförmig, Fahne 1,2 cm breit; entlang der vorjährigen Triebe jeweils zu 1 bis 3 Blüten zusammenstehend; gelblich-weiß
Blütezeit: Juni–Juli
Blatt: Linealisch; einfach bis dreizählig zusammengesetzt; frischgrün
Standort/Pflege: Sonnig; mäßig nährstoffreiche, durchlässige Erde; mäßiger Wasser- und Düngerbedarf
Verwendung: Beet, Kübel
Hinweise: Verträgt vorübergehend Bodentrockenheit wie -feuchtigkeit; hitzeverträgend; am vitalsten, wenn er überhängend wachsen kann
Weitere Arten: *Cytisus × beanii*, Duftender Kriechginster; *Cytisus × praecox*, Elfenbein-Ginster; *Cytisus purpureus = Chamaecytisus purpureus*, Purpurginster; *Cytisus scoparius*, Besenginster

Euonymus fortunei

Kriechspindel

Celastraceae

VI–VII

Herkunft: Japan, China, Kultursorten
Wuchsform: Breitbuschig oder kriechend-niederliegend
Höhe/Kletternd: 50–100 cm/200 (600) cm
Blüte: Unauffällig; grünlichweiß
Blütezeit: Juni–Juli
Blatt: Elliptisch bis eiförmig; immergrün; mittelgrün, oft weiß oder gelb gerandet oder gefleckt; Herbst- und Winterfärbung: Hell- bis braunrot, bronze oder purpur
Standort/Pflege: Sonnig bis halbschattig; nährstoffreiche, durchlässige Erde; mäßiger Wasser- und Düngerbedarf
Verwendung: Beet, Kübel, für niedrige Mauern, Baumstämme
Hinweise: Sehr schattenverträglich; Haftwurzelkletterer, auf rauem Untergrund keine Kletterhilfe erforderlich; wichtige Sorten: 'Emerald Gaiety', 'Emerald Gold', 'Variegatus'; *Euonymus fortunei* 'Vegetus' bis 6 m kletternd;
Weitere Arten: *Euonymus europaeus*, heimisches Pfaffenhütchen; *Euonymus alatus*, Korkflügelstrauch mit karminroter Herbstfärbung

Foto: *Euonymus fortunei* 'Emerald 'n' Gold'

Hedera helix

Efeu

Araliaceae

X–XI

Herkunft: Deutschland, Europa, Kultursorten
Wuchsform: Kriechend, kletternd, im Alter buschig
Höhe/Kletternd: 20 cm/20 m
Blüte/Frucht: Unauffällig, in kugeligen Köpfchen; grünlichgelb/Frucht: grauschwarz
Blütezeit/Fruchtreife: Oktober–November/Februar–März
Blatt: Drei- bis fünflappig, sehr unterschiedlich geformt; Altersblätter rautenförmig, ganzrandig; mittel- bis dunkelgrün, oft weiß, grau oder gelb gerandet, gefleckt oder panaschiert; bei Kälte vielfach Rotfärbung
Standort/Pflege: Mäßig sonnig bis halbschattig; nährstoffreiche, durchlässige Erde; mäßiger Wasser- und Düngerbedarf
Verwendung: Beet, Kübel, für Mauern, Pfeiler, Baumstämme
Hinweise: Blüte erst nach Ausbildung der Altersform (ganzrandige Blätter); Haftwurzelkletterer, daher keine Kletterhilfe erforderlich; Unbedingt Freilandsorten wählen, Zimmersorten nicht immer frosthart
Weitere Arten: *Hedera colchica*, großblättriger, aber nicht zuverlässig frosthart

Ilex crenata 'Convexa'

Löffel-Ilex

Aquifoliaceae

V–VI

Herkunft: Japan, Kultursorten
Wuchsform: Strauchig, kompakt, ausgebreitet, bogig überhängend, langsamwüchsig
Höhe: Bis 150 cm
Blüte/Frucht: Unauffällig, klein; cremeweiß/Früchte: schwarze Beeren; giftig
Blütezeit/Fruchtreife: Mai–Juni/September–Winter
Blatt: Elliptisch, löffelförmig gewölbt; immergrün; dunkelgrün
Standort/Pflege: Sonnig bis halbschattig; durchlässige, humose Erde; mäßiger Wasser- und Düngerbedarf
Verwendung: Beet, Kübel
Hinweise: Schattenverträglich und frosthart; höher wachsend: *Ilex crenata*, Berg-Ilex: gut Schnitt vertragend; *Ilex crenata* 'Stokes': nur 50–80 cm hoch werdend
Weitere Arten: *Ilex aquifolium*, heimische rotfrüchtige Stechpalme; *Ilex × meserveae*, Blaue Stechpalme: mit reichem rotem Fruchtbehang

Jasminum nudiflorum

Winterjasmin

Oleaceae

XII–IV

Herkunft: Westchina
Wuchsform: Bogig überhängend oder niederliegend, aufgebunden kletternd; dünne, rutenförmige, grüne Triebe
Höhe: 100 cm, kletternd bis 300 cm
Blüte: Röhrig mit meist sechs Lappen; einzeln; goldgelb
Blütezeit: Dezember–April
Blatt: Gefingert, dreiteilig; dunkelgrün
Standort/Pflege: Sonnig–lichtschattig; nährstoffreiche, durchlässige, kalkhaltige Erde; mäßiger Wasser- und Düngerbedarf
Verwendung: Beet, Kübel
Hinweise: Bei hängendem Wuchs – Kübel, Böschungen – besonders schön; bei zu schattigem Stand Nachlassen der Blühfreude
Weitere Arten: *Jasminum polyanthum*, siehe Kapitel „Sommerblüher"

Juniperus squamata 'Blue Star'

Blauzeder-Wacholder

Cupressaceae

Herkunft: China, Taiwan, Kultursorten
Wuchsform: Strauchig, mit kurzen Zweigen, dicht, im Alter lockerer
Höhe: 70–90 cm
Blatt: Nadeln, spitz, stechend; silberblau
Standort/Pflege: Sonnig bis lichtschattig; mäßig nährstoffreiche, durchlässige Erde; mäßiger Wasser- und Düngerbedarf
Verwendung: Beet, Balkonkasten, Kübel
Hinweise: Verträgt längere Bodentrockenheit; kommt auch mit dem schwierigen Standort Balkonkasten zurecht
Weitere Arten: z. B. *Juniperus communis* 'Repanda': bodenaufliegend; *Juniperus horizontalis* 'Glauca': mattenartig, stahlblau; *Juniperus sabina* 'Tamariscifolia': breit-flach wachsend

---

Ligustrum ovalifolium 'Aureum'

Gold-Liguster

Oleaceae

VI–VII

Herkunft: Japan, Kultursorten
Wuchsform: Strauchig, straff aufrecht
Höhe: Bis 300 cm
Blüte/Frucht: Klein, in 8–10 cm langen Rispen; stark duftend; weiß/Früchte: schwarze Beeren, leicht giftig
Blütezeit: Juni–Juli
Blatt: Eiförmig bis länglich; immergrün; dunkelgrün, goldgelb gerandet oder ganz goldgelb
Standort/Pflege: Sonnig, warm, geschützt; durchlässige, kalkhaltige Erde; mäßiger Wasser- und Düngerbedarf
Verwendung: Beet, Kübel
Hinweise: Sehr schnittverträglich; kräftiger wachsend, aber grünlaubig: *Ligustrum ovalifolium*
Weitere Arten: *Ligustrum vulgare*, Gewöhnlicher Liguster: frosthärter als *L. ovalifolium*, aber Laub abwerfend

Mahonia aquifolium

Mahonie

Berberidaceae

IV–V

Herkunft: Nordamerika, Kultursorten
Wuchsform: Strauchig, straff aufrecht, mäßig verzweigt
Höhe: 50–100 cm
Blüte/Frucht: Aufrechte, dichte Trauben; 5–8 cm; goldgelb/Beeren blauschwarz, hellblau bereift
Blütezeit/Fruchtreife: April–Mai/ab August
Blatt: Unpaarig gefiedert, Einzelblättchen eiförmig bis länglich, bis 8 cm; Rand mit harten Spitzen; immergrün; dunkelgrün, im Austrieb und bei Kälte rot
Standort/Pflege: Sonnig bis lichtschattig; nährstoffreiche, durchlässige Erde; mäßiger Wasser- und Düngerbedarf
Verwendung: Beet, Kübel
Hinweise: Sehr robust und anpassungsfähig; schnittverträglich; Niedriger als die Art ist Mahonia aquifolium 'Apollo'
Weitere Arten: *Mahonia bealei*: 100–200 cm, ornamentaler, breiter Wuchs, lange gelbe Blütentrauben

Picea abies 'Little Gem'

Kissenfichte

Pinaceae

Herkunft: Deutschland, Europa, Kultursorte
Wuchsform: Nestförmig, flachkugelig; sehr langsam wachsend
Höhe/Breite: 20 cm/40 cm, im Alter 30 cm/100 cm
Blatt: Nadelförmig, sehr fein, 0,5 mm; hellgrün, unterseits gescheitelt
Standort/Pflege: Licht- bis halbschattig; nährstoffreiche, humose Erde; hoher Wasser- und mäßiger Düngerbedarf
Verwendung: Beet, Kübel
Hinweise: Empfindlich gegenüber Hitze und Trockenheit; andere kleinwüchsige
Sorten: *Picea abies* 'Nidiformis', *Picea abies* 'Pumila Glauca', *Picea abies* 'Pygmea'
Weitere Arten: z. B. *Picea glauca* 'Conica', Zuckerhutfichte: Regelmäßiger kegelförmiger Wuchs; *Picea pungens* 'Glauca Globosa': Zwergform der Blaufichte

Pieris japonica
Japanische Lavendelheide
Ericaceae

III–V

Herkunft: Japan, Kultursorte
Wuchsform: Strauchig, breit aufrecht, locker
Höhe: 200–300 cm
Blüte: Einzelblüte glöckchenförmig, in überhängenden Rispen; weiß oder rosa
Blütezeit: März–Mai
Blatt: Länglich-lanzettlich, glänzend; bis 8 cm; immergrün; mittelgrün, auch weiß panaschiert; einige Sorten im Austrieb ausfallend kupferrot oder creme mit rot
Standort/Pflege: Licht- bis halbschattig, geschützt; nährstoffreiche, leicht saure Erde, kein Kalk; hoher Wasser- und mäßiger Düngerbedarf
Verwendung: Beet, Kübel
Hinweise: Bunt austreibende Sorten wie 'Forest Flame', 'Mountain Fire' etwas frostempfindlich, gegebenenfalls Frostschutz geben, bzw. Kübel an geschütztem Ort aufstellen
Weitere Arten: *Pieris floribunda*, Aufrechte Lavendelheide: aufrechte Rispen, robuster als *Pieris japonica*

Pinus mugo 'Gnom'
Zwergkiefer
Pinaceae

Herkunft: Europäische Gebirge, Kultursorte
Wuchsform: Dicht, kugelig; vieltriebig verzweigt; sehr langsam wachsend
Höhe: 50–60 cm, im Alter 150–200 cm
Blatt: Nadeln, zweinadelig angeordnet; 3 cm; dicht gedrängt zusammenstehend; dunkelgrün
Standort/Pflege: Sonnig bis lichtschattig; durchlässige, humose oder mineralische Erde; mäßiger Wasser- und Düngerbedarf
Verwendung: Beet, Kübel
Hinweise: Unempfindlich gegenüber Stadtklima; andere kleinwüchsige Sorten *Pinus mugo* 'Mops': noch kleiner als 'Gnom'; *Pinus mugo* var. *mughus*, Krummholzkiefer: niederliegende Äste; *Pinus mugo* var. *pumilio*, Zwerglatsche: kissenförmig
Weitere Arten: z. B. *Pinus pumila* 'Glauca', Kriechkiefer; *Pinus sylvestris* 'Watereri', Zwerg-Silberkiefer; *Pinus strobus* 'Radiata', Zwerg-Seidenkiefer

Potentilla fruticosa

Fingerstrauch

Rosaceae

V–X

Herkunft: Nördliche Halbkugel, gemäßigte Klimazonen, Kultursorten
Wuchsform: Strauchig, dicht verzweigt, breit buschig bis niederliegend, sehr vielgestaltige Sorten
Höhe: 30–130 cm
Blüte: Schalenförmig, 5-blättrig; gelb, weiß, rosa, orange oder rotorange
Blütezeit: Mai–Oktober
Blatt: drei- bis siebenfach gefingert oder gefiedert, Einzelblättchen elliptisch, seidig behaart; frischgrün bis graugrün
Standort/Pflege: Sonnig bis lichtschattig; durchlässige, nicht zu kalkhaltige Erde; hoher Wasser- und Düngerbedarf
Verwendung: Beet, Kübel
Hinweise: Verträgt Hitze zusammen mit Trockenheit schlecht, sonst unempfindlich; Rückschnitt auf 5–10 cm im Abstand von einigen Jahren erhält die Blühfreude; besonders schöne Sorten 'Goldfinger', 'Sommerflor'
Weitere Arten: Stauden-Fingerkraut wie *Potentilla atrosanguinea* oder *Potentilla nepalensis*

Foto: *Potentilla fruticosa* 'Kobold'

Prunus nipponica var. *kurilensis* 'Brillant'

Zierkirsche

Rosaceae

III–IV

Herkunft: Japan, Kultursorte
Wuchsform: Strauchartig, straff aufrecht, dicht verzweigt, langsamwüchsig
Höhe: 250–300 cm
Blüte/Frucht: Ungefüllt, zart; 2–3 cm; milchweiß/Früchte: kugelig, purpurschwarz
Blütezeit: März–April
Blatt: breitelliptisch, fein gesägt; frischgrün, orangegelbe Herbstfärbung
Standort/Pflege: Sonnig; nährstoffreiche, lehmig-sandige oder lehmige Erde; hoher Wasser- und Düngerbedarf
Verwendung: Beet, Kübel
Hinweise: Blüht schon als junge Pflanze sehr reich; Kübel ausreichend groß wählen
Weitere Arten: *Prunus avium* 'Plena Pendula', Gefüllte Hängekirsche; *Prunus laurocerasus* 'Herbergii': Immergrün, weißblühend

Pyracantha coccinea
Feuerdorn
Rosaceae

V–VI

Herkunft: Südeuropa, Kultursorten
Wuchsform: Strauchig, unregelmäßig, oft etwas sparrig, stark bedornte Zweige, auch in Form geschnitten und als Stämmchen gezogen
Höhe: 60–350 cm
Blüte/Frucht: Einzelblüte klein, in dichten Doldenrispen; charakteristischer Geruch; reinweiß/Früchte: kugelige Beeren in dichten Dolden; gelb, orange oder rot
Blütezeit/Fruchtreife: Mai–Juni/Ab September
Blatt: Länglich bis eiförmig, fein gezähnt; immergrün; dunkelgrün
Standort/Pflege: Sonnig bis halbschattig; nährstoffreiche, lehmige kalkhaltige Erde; mäßiger Wasser- und Düngerbedarf
Verwendung: Beet, Kübel
Hinweise: Verträgt jede Form des Schnitts, dann auch sehr dicht wachsend

Foto: *Pyracantha coccinea* 'Golden Charmer'

Rhododendron Repens-Gruppe (= *Rhododendron forrestii)*
Zwerg-Rhododendron
Ericaceae

IV–V

Herkunft: China, Tibet, Kreuzung verschiedener Arten
Wuchsform: Strauchig, breitrund, geschlossen
Höhe: 60–100 cm
Blüte: Glockig, fünflappig, mit gewelltem Rand, in lockeren kugeligen Dolden; scharlachrot oft mit feiner Zeichnung
Blütezeit: Ende April–Mai
Blatt: Elliptisch, ledrig, glänzend; 4–8 cm; immergrün; dunkelgrün
Standort/Pflege: Licht- bis halbschattig; humose, nährstoffreiche, schwach saure Erde; hoher Wasser- und Düngerbedarf
Verwendung: Beet, Kübel
Hinweise: Immer gleichmäßig feucht halten, ohne Staunässe
Weitere Arten: Andere kleinwüchsige *Rhododendron*-Arten wie *Rhododendron impeditum*: violettblau; Japanische Azaleen wie 'Diamant Purpur' oder 'Hatsugiri'

Foto: *Rhododendron*-Repens-Gruppe 'Morgenrot'

Rosa 'Schneewittchen'

Strauchrose

Rosaceae

VI–XI

Herkunft: Europa, Asien, Kreuzung verschiedener Arten
Wuchsform: Strauchig, breit-aufrecht, bogig überhängend, mäßig bestachelt
Höhe/Breite: 100–150 cm/60–80 cm
Blüte: Schalenförmig, gefüllt; in lockeren Büscheln; leichter Duft; 7–8 cm; weiß
Blütezeit: Juni–Frost
Blatt: Unpaarig gefiedert, glänzend; mittelgrün
Standort/Pflege: Sonnig; nährstoffreiche, lehmige Erde; hoher Wasser- und Düngerbedarf
Verwendung: Beet, Kübel
Hinweise: Rückschnitt nach dem Frost im Frühjahr um ein Drittel; alte, tote und schwache Triebe entfernen; viele weitere für den Kübel geeignete Rosensorten wie 'Leonardo da Vinci', 'New Dawn' (Kletterrose) oder 'Snow Ballet'

Salix caprea 'Pendula'

Hängende Kätzchenweide

Salicaceae

III–IV

Herkunft: Deutschland, Europa, Asien; Kultursorte
Wuchsform: Baumartig, Zweige bogig herabhängend
Höhe: 150–250 cm
Blüte: Kätzchen; leichter Duft; silbrig, aufgeblüht goldgelb
Blütezeit: März–April
Blatt: Länglich-elliptisch; mittelgrün
Standort/Pflege: Sonnig bis lichtschattig; nährstoffreiche, lehmige Erde; hoher Wasser- und Düngerbedarf
Verwendung: Beet, Kübel
Hinweise: Blüten etwas Spätfrost gefährdet; nach der Blüte stark zurückschneiden, um Neuaustrieb mit reichem Knospenansatz anzuregen
Weitere Arten: *Salix hastata* 'Wehrhahnii', Engadin-Weide: 100–120 cm, schöner Kätzchen-Strauch

Spiraea × arguta

Brautspiere

Rosaceae

IV–V

Herkunft: Südeuropa, China; Kreuzung verschiedener Arten
Wuchsform: Strauchig, dicht, dünne Zweige, bogig überhängend
Höhe: 150–200 cm
Blüte: Klein, fünfteilig, in Trugdolden entlang der vorjährigen Zweige; auffällig; etwas streng duftend; schneeweiß
Blütezeit: April–Mai
Blatt: Länglich bis verkehrt-eiförmig, gesägt; mittelgrün, gelbe Herbstfärbung
Standort/Pflege: Sonnig bis lichtschattig; durchlässige, nährstoffreiche Erde; hoher Wasser- und mäßiger Düngerbedarf
Verwendung: Beet, Kübel
Hinweise: Verträgt Hitze und Trockenheit schlecht; wenig konkurrenzstark, daher nicht zu eng pflanzen
Weitere Arten: *Spiraea japonica* 'Little Princess': 30–40 cm, im Juni rosa blühend

---

Syringa microphylla 'Superba'

Kleinblättriger Flieder

Oleaceae

V–VI (X)

Herkunft: China; Kultursorten
Wuchsform: Strauchig, aufrecht, breit-buschig, Triebe leicht überhängend
Höhe: 100–150 cm
Blüte: Schmale Röhren mit lanzettlichen Zipfeln, 1 cm; in 4–7 cm langen Rispen; stark duftend; lilarosa
Blütezeit: Mai, Nachblüte bis Oktober
Blatt: Rundlich-eiförmig, zugespitzt; sattgrün, unterseits graugrün
Standort/Pflege: Sonnig; durchlässige, nährstoffreiche Erde; mäßiger Wasser- und Düngerbedarf
Verwendung: Beet, Kübel
Weitere Arten: *Syringa meyeri* 'Palibin', Zwergflieder: mit schönen, filigranen, rosafarbenen Blüten und angenehmem Duft

Taxus baccata

Eibe

Taxaceae

Herkunft: Europa, Nordafrika, Nordasien, Kultursorten
Wuchsform: Strauchig, baumartig, reich verzweigt, sehr dicht
Höhe: 50–300 cm, im Alter auch höher
Blüte/Frucht: Unauffällig, durch reichen Blütenstaub auffallend/Frucht: harter Samenkern von auffälligem, rotem Samenmantel umgeben
Fruchtreife: Ab September
Blatt: Nadeln linealisch, zugespitzt; bis 3 cm; glänzend; schwarzgrün
Standort/Pflege: Mäßige Sonne bis Halbschatten; durchlässige, nährstoffreiche, kalkhaltige Erde; mäßiger Wasser- und Düngerbedarf
Verwendung: Beet, Kübel
Hinweise: Alle Pflanzenteile giftig mit Ausnahme des roten Samenmantels; sehr schnittverträglich, daher für Formschnitt sehr gut geeignet; von sich aus niedrige Sorten: Taxus baccata 'Repandens', Kissen-Eibe; Taxus baccata 'Nissens Präsident'; Taxus baccata 'Summergold', Gelbe Kriech-Eibe
Weitere Arten: Z. B. *Taxus cuspidata* 'Nana', Japanische Zwerg-Eibe; *Taxus × media* 'Strait Hedge'

Viburnum × bodnantense 'Dawn'

Winter-Schneeball

Caprifoliaceae

(XI) II–IV

Herkunft: Nord-China, Himalaja; Kreuzung verschiedener Arten
Wuchsform: Strauchig, trichterförmig, etwas sparrig
Höhe: 200–300 cm
Blüte: Schmale, fünfzipflige Röhren in lockeren Dolden; 5–7 cm; stark duftend; rosa, im Verblühen verblassend
Blütezeit: Ab November, Hauptblüte je nach Witterung Februar–April
Blatt: Lanzettlich bis eiförmig; beim Reiben würziger Duft; hellgrün, im Herbst rötlich-braun
Standort/Pflege: Sonnig bis lichtschattig; durchlässige, nährstoffreiche Erde; mäßiger Wasser- und Düngerbedarf
Verwendung: Beet, Kübel
Weitere Arten: *Viburnum × burkwoodii*, Osterschneeball; *V. × carlcephalum*, Großblumiger Schneeball; *V. carlesii*, Wohlriechender Schneeball; *V. davidii*, Immergrüner Kissenschneeball; *V. plicatum*, Gefüllter Japanischer Schneeball

Kombinieren und Gestalten

So vielfältig wie die Pflanzen für Beet, Balkon und Kübel, so vielfältig sind auch die Möglichkeiten, sie zu verwenden. Manche sind als Ampelpflanzen unübertroffen, andere wirken zauberhaft im Staudenbeet. Wo viel Publikumsverkehr ist, sind die robusteren Arten gut, im heimischen Balkonkasten können auch empfindlichere Arten die richtige Pflege erhalten.

„Was passt an welchen Platz"? ist daher die erste Frage, wenn es um die Verwendung geht. Gleich nach dem Was folgt aber das Wie. Wie kombiniert man Pflanzen so miteinander, dass sich ein harmonisches Bild ergibt? Ob glühend rote Geranien oder freundlich-gelbe Pantoffelblumen den Balkonkasten oder Kübel schmücken, ist natürlich in erster Linie eine Frage des persönlichen Geschmacks. Aber auch zur Umgebung sollte die Pflanzung passen. Denn eine noch so edle Bepflanzung mit weiß blühenden Sorten kann vor einer weißen Wand fade wirken und Rot vor einem pinkfarbenen Hintergrund schrill. Die folgenden Beispiele machen es deutlich. Wichtig ist, zu wissen, dass die gleichen Pflanzen immer wieder anders wirken, je nach Blütenfarbe und Benachbarung.

Klassische Strenge

Alles andere als monoton wirken Kästen, die nur mit einer Art und Farbe bepflanzt sind. Meist sind es rote Geranien, die so verwendet werden. Im Schatten übernehmen Fuchsien oder Fleißige Lieschen die gleiche Rolle. Vielen Balkons verleihen die klassisch strengen Bepflanzungen das auffällige Erscheinungsbild. Aber auch Hotels oder Geschäftshäuser schmücken sich mit gleichmäßig bepflanzten Kästen und werden so zum Blickfang im Straßenbild.

Bunte Heiterkeit

Die ganze Farbenfülle des Sommers fangen bunte Pflanzungen ein, die z. B. aus roten Geranien, rosa Elfenspiegel *(Nemesia)*, weißen Strauchmargeriten, gelben Strohblumen und blauem Heliotrop bestehen können. Weißbunte Minze, Weihrauch oder Silber-Taubnessel vermitteln zwischen den verschiedenen Farben und verstärken die herabfließende Bewegung der Hängegeranie. Die kräftigen Farben erinnern an bunte Sommerblumensträuße und ländliche Feste.

Spiel mit wenigen Farben

Zum Hinschauen verleiten monochrom bepflanzte Kästen und Gefäße, wenn unterschiedliche Wuchs- und Blütenformen der Pflanzung Spannung verleihen. Hier die großen, runden Petunienblüten, dort die zierlichen der Schneeflockenblume, hier die hoch aufragenden Rispen der *Gaura*, dort die Schleppen der grünweißen Buntminze. Groß und klein, aufrechte und herabfließende Formen bringen Spannung, auch wenn die Farben sich auf Weiß mit Grün beschränken.

Mischt sich eine zweite oder gar dritte Farbe dazu, kann Kühle entstehen beispielsweise durch blauen Verbenen, blauen Lobelien und violettblaue Vanilleblume zu dem Weiß. Rücken Husarenknöpfchen, gelbe Strohblumen und die gelben Blütenräder der Gazanien dazu, entsteht ein sonnig-heiterer Eindruck.

Lebendige Wärme

Besonders wichtig können Pflanzen, die zumindest optisch Sonnenwärme vermitteln, an kühlschattigen Plätzen sein. Über üppig herabfließenden Trieben von orangefarbenen Hängebegonien könnte sich dort das leuchtende Rot der *Alonsoa* erheben. Orange *Impatiens* und Knollenbegonien in leuchtendem Gelb verstärken die warmen Farben. Zwischen ihnen vermitteln grünweißer Gundermann oder Sauerklee als Strukturpflanzen.

Natürliche Extravaganz

Mit ungewöhnlichen Farbkombinationen lässt sich auch die Lust am Experimentieren stillen. Extravagant wirken z. B. dunkellaubige Pflanzen, zwischen die Tupfer gelber Blüten gesetzt sind. Den dunklen Grundton gibt vielleicht die fast schwarze großblättrige *Colocasia esculenta* 'Midnight Magic' an, begleitet von dunkelblättriger Batate und schwärzlicher Buntnessel. Das Gelb kleiner Blüten wie *Helichrysum*, Wandelröschen, Zweizahn oder Husarenknöpfchen tanzt darüber hin wie Sonnenflecken. Ein ähnliches Spiel lässt sich mit frischen Rosatönen vor dem dunklen Blattwerk inszenieren. Wem es doch nicht so ganz gefällt: Das nächste Jahr wartet mit neuen Möglichkeiten.

Musterkästen und Gefäße

Wem aber das Auswählen zu mühsam ist und wer bei all den Möglichkeiten nach Orientierung sucht, der findet immer häufiger Gärtner, die Musterpflanzungen für Kästen und Gefäße bereithalten. Grundlage dafür sind fast immer Versuchspflanzungen, die in den Lehr- und Versuchsanstalten des Gartenbaues in den Vorjahren angelegt und sorgfältig beobachtet wurden. So ist sichergestellt, dass die jeweilige Pflanzenkombination sowohl farblich passt, als auch in Wuchsstärke und Wuchscharakter. Die meisten Gärtner bieten außerdem fertig bepflanzte Kästen und Gefäße an – auch in Farbe und Charakter den individuellen Wünschen entsprechend.

Ziergemüse, -kräuter und Obst

Selbstangebautes vom noch so kleinen Balkon, im Kübel oder Kasten gewachsen, ist ein ganz besonderes Vergnügen. Drei Aspekte spielen dabei eine Rolle:

- die Freude über die erfolgreiche Kultur
- der Wohlgeschmack, den voll ausgereifte und frische Gemüse, Kräuter und Früchte bieten
- und nicht zuletzt der Zierwert.

Der Anblick wohlgeratener Nutzpflanzen bietet ein ästhetisches Vergnügen. Erst recht wenn es sich um Sorten handelt, die auf ihren besonderen Zierwert hin ausgesucht wurden. Überraschend schön verbinden sie sich mit den Farben der Sommer- und Herbstblumen. Purpurfarbene Petunien harmonieren z. B. gut mit purpurn überhauchtem Basilikum. Geranienrot spiegelt sich in roten Tomaten wieder. Im unkomplizierten Spiel mit Farben und Formen verschwimmen die Grenzen zwischen Zier- und Nutzpflanze.

Besonders unproblematisch und daher auch am häufigsten auf Balkon und Terrasse zu finden sind

- **Kräuter** wie Rosmarin, Thymian, Basilikum, Schnittlauch, Petersilie, Minze, Salbei, Lavendel und Zitronenmelisse. Von vielen Kräutern werden Sorten mit weiß panaschierten, gelben oder rötlich-violetten Blättern angeboten. So gibt es z. B. rötliches Basilikum, weiß-grüne Minze, violett überhauchten Salbei und gelbblättrigen Thymian. Sie sind nicht nur aromatisch, sondern wirken attraktiv und lassen sich gut als gestalterisches Element nutzen.
- **Tomaten**, besonders geeignet sind kleinfrüchtige Balkonsorten, die auch unter nicht optimalen Bedingungen reifen und kompakt wachsen. An geschützten Plätzen kann man es sogar mit Paprika und Auberginen versuchen.
- **Feuerbohnen** gehörten früher auf jeden Balkon. Heute sind sie ein wenig in Vergessenheit geraten, obwohl sie nicht nur mit ihren feuerroten Blüten ansprechend wirken, sondern auch ausgesprochen wohlschmeckend sind.

Weitere Möglichkeiten, Pflanzenschmuck mit Essbarem zu verbinden, sind:

- **Kübelpflanzen** wie Zitrusbäumchen, Wollmispel *(Eriobotrya japonica)*, Feigenbaum *(Ficus carica)* und Granatapfel *(Punica granatum)*. Es bedarf allerdings ziemlich großen gärtnerischen Geschicks und guter Witterungsverhältnisse, damit die meist aus dem Mittelmeergebiet stammenden Kübelpflanzen reife Früchte bilden.

- **Lorbeer** *(Laurus nobilis)*, versorgt die Küche zuverlässig mit aromatischen Blättern. Auf der Terrasse beeindruckt er durch seine edle Gestalt, gleichgültig ob frei wachsend, als Säule, Pyramide, Stämmchen oder Kugel geschnitten.
- **Monatserdbeeren** oder rötlich blühende **Ziererdbeeren** wie 'Pink Panda'; auch wenn die Ernte meist nicht üppig ist, macht es Spaß hin und wieder etwas von ihnen zu naschen. Als Bodendecker im Beet oder als rankende Begleiter von Herbstblühern in Kübel oder Kasten wirken sie besonders reizvoll.
- **Zierkohl** verwendet man in der Küche wie normalen Kohl, obwohl es fast zu schade ist, die schönen Rosetten zu verarbeiten. Meist beeindrucken sie als Einzelexemplar im Topf mit ihren schönen Farbnuancen.
- **Kopf- und Blätterkohl**, die alltäglichen Gemüse, warten mit beeindruckender Gestalt und überraschend schönen Farben auf. Sorten wie 'Nero di Toscana' oder 'Red Bor' können problemlos als Solitär im Kübel bestehen, letztere sogar bis weit in den Winter hinein.
- **Bunt-Mangold**, wie mit dem Pinsel gemalt wirken seine Blätter und Stängel, die wie Spinat verwendet werden können. Die intensiven Farben und großen Blätter verbinden sich gut mit Sommerblumen wie Dahlien und Cosmeen.
- **Kapuzinerkresse**, ihre Blätter und Blüten schmücken jeden Salat, sind von milder Schärfe und ausgesprochen gesund. Relativ anspruchslos an den Standort, solange er sonnig genug ist, sorgen sie auf unkomplizierte Weise für Farben in allen Nuancen von Gelb bis Rot.
- **Kürbisse**, mit ihrem mächtigen Wuchs finden die Pflanzen überwiegend im Garten ihren Platz. Kleinfrüchtige Sorten können allerdings auch im ausreichend großen Kübel gezogen werden. Bedeutung haben die reifen Früchte als herbstliche Dekorationselemente rund ums Haus.

Pflanzen und Umpflanzen

Die richtige Erde

In Kübeln, Balkonkästen und Gefäßen steht den Pflanzen nur ein begrenzter Wurzelraum zur Verfügung. Sie haben es dadurch schwerer als im offenen Boden ausgepflanzte Exemplare. Umso entscheidender ist die Erde, in der sich die Pflanzen wohl fühlen müssen. Folgende Eigenschaften sind wichtig:

- Die Erde muss strukturstabil sein, das heißt, sie darf nicht verschlämmen, sondern behält über einen längeren Zeitraum ein genügend großes Porenvolumen. So bekommen die Wurzeln Luft. Bei Kübelpflanzen, die nicht so häufig umgetopft werden, ist eine Stukturstabilität von 2–3 Jahren nötig. Mit Hilfe von Weißtorf, Rinde, Blähton und Blähschiefer lässt sich die Strukturstabilität verbessern.

- Die Erde speichert Wasser und Nährstoffe, sodass die Pflanzen Zeit haben, sie aufzunehmen. Ton ist dafür der entscheidende Stoff. Er hält das Gießwasser fest und bindet Nährstoffe an sich. So wird Dünger nicht vorschnell ausgewaschen. Außerdem puffert Ton Düngefehler genauso ab wie Schwankungen des pH-Wertes, also der Säurereaktion der Erde. Lehmige Gartenerde enthält hohe Anteile von Ton. Guten Erden für Balkonkasten und Kübel ist er bereits beigegeben.

- Die Erde darf nicht vernässen. Das heißt, sie muss Regennässe und überschüssiges Gießwasser rasch wieder abgeben. Tut sie das nicht, was bei zu lehmiger Erde oder bei sehr feinem, bereits stark zersetztem Torf der Fall sein kann, dann hilft Einarbeiten von Sand in das Substrat.

- Die meisten Kübel- und Balkonpflanzen lieben neutrale bis schwach basische Böden. Nur wenige bevorzugen eher saure Böden, z. B. Kamelie, Myrte, Gardenie und Citrus-Arten. Der Säuregehalt des Bodens lässt sich durch Beimischen von Kalk zur neutralen bis basischen Seite verschieben oder durch hohe Torf- und Humusanteile zur sauren Seite.

Eine gute Eigen-Mischung besteht z. B. aus einem Teil lehmiger Gartenerde, einem Teil gut verrottetem Kompost, zwei Teilen Torf und Sand. Einfacher ist die Verwendung von fertig gemischten Erden. Aber Vorsicht vor Billigerden. Sie sehen zwar meist schön schwarz aus, enthalten aber oft stark zersetzten Torf, der kaum noch strukturstabil ist und schnell verschlämmt. Geeignet sind gütegesicherte Erden wie sie auch der Profigärtner nutzt, z. B. Einheitserde oder Torf-Kultursubstrate TKS und Rinden-Kultursubstrate mit entsprechenden Beimischungen von Ton und Kompost. Wichtig ist, zu wissen, ob die Erde bereits aufgedüngt ist, um die eigene Dünger-Beimischung dosieren zu können, bzw. um zu wissen, ab welchem Zeitpunkt nachgedüngt werden muss. Düngetorf enthält – anders als der Name vermuten lässt – keinen Dünger.

Kästen und Ampeln

Balkonkästen sollten etwa 20 cm breit und hoch sein, damit sie ausreichenden Wurzelraum bieten. Die meisten Standardformate entsprechen dem. In Pflanztröge mit mehr Volumen, wie sie manchmal an Balkons und Terrassen bereits fest installiert sind, passen auch größere Beet- und Kübelpflanzen, sowie Stauden und Gehölze. Beide Kastentypen brauchen Bodenlöcher, damit überschüssiges Wasser abfließt und keine stauende Nässe entsteht.

Ampeln werden in Größen zwischen 20 und 30 cm Durchmesser angeboten. Da viele Ampelpflanzen sehr schnell ein großes Volumen entwickeln, wählt man die Ampel besser nicht zu klein. Die ausgewachsene Pflanze, Erde und Gießwasser zusammen entwickeln ein ziemliches Gewicht. Die Aufhängung kann daher ruhig etwas stabiler ausfallen.

Pflanzen, die in Plastiktöpfen gekauft wurden, topft man aus. Papier- und Torftöpfe bleiben an der Pflanze. Sie sollten vorm Pflanzen nur leicht zerdrückt werden, das erleichtert das Durchwurzeln. Gepflanzt wird nicht tiefer oder höher als vorher. Der Topf sollte weder auf einem „Berg“ sitzen, noch in der Erde versenkt werden. Von den Seiten her wird gut angedrückt, sodass der Topfballen rundum mit der neuen Erde Kontakt hat. Das anschließende Angießen verbindet die Pflanze noch inniger mit ihrem neuen Umfeld.

Hanging Baskets

Die Mode der Hanging Baskets – hängenden Körbe – hat ihren Ursprung in England. Im Gegensatz zur Ampel werden die dafür genutzten grobmaschigen Drahtkörbe nicht nur von oben, sondern auch von den Seiten und von unten bepflanzt. Damit Erde und Pflanzen Halt haben, wird der Korb mit Moos ausgelegt. Für die Bepflanzung eignen sich Jungpflanzen mit kleinem Ballen, die sich durch die Maschen und zwischen das Moos schieben lassen. Beim Gießen saugen sich Erde und Moos wie ein Feuchtespeicher mit Nässe voll. Überschüssiges Wasser tropft allerdings herunter. Da das nicht jedermanns Sache ist, werden die Körbe häufig mit Kunststofffolie ausgelegt und danach wie eine Ampel von oben bepflanzt. Durch die Kunststofflage ist allerdings die Gefahr stauender Nässe sehr groß.

Der richtige Kübel

Für Kübelpflanzen steht eine große Fülle unterschiedlichster Gefäße zur Verfügung. Je nach Standort und Zweck bieten sich Kübel aus Holz, glasiertem Steinzeug, Terrakotta oder Kunststoff an. Passen muss der Kübel nicht nur zur Pflanze selbst, sondern auch zur Umgebung. Ein nicht zu unterschätzender Faktor ist das Gewicht. Auch große Kübel müssen noch transportabel sein, wenn sie mit Pflanze und Erde gefüllt sind. Besonders leicht sind Plastikgefäße, obwohl sie ästhetischen Anforderungen nicht immer genügen. Eine gute Alternative sind Kunststoffgefäße, die in Form und Farbe den Terracotta-Gefäßen angeglichen sind.

Bei den richtigen Terracotta-Gefäßen gibt es große Qualitätsunterschiede. Je nach Materialgüte und Höhe der Brenntemperatur halten die Kübel Frost aus oder nicht. Die Ansatzstellen von Henkeln, Rändern und Verzierungen brechen bei Frost besonders leicht. Für Pflanzen, die draußen überwintern, wählt man am besten höchste Qualität – die natürlich ihren Preis hat. Leere Terracotta-Kübel sollten immer im Trockenen aufbewahrt werden, denn es ist die gefrierende Feuchtigkeit, die den gebrannten Ton sprengt.

Wie die Kästen sollten auch die Kübel ein Abzugsloch im Boden haben, damit überschüssiges Wasser abfließen kann. Bauchige Gefäße eignen sich nicht für Kübelpflanzen. In ihnen gewachsene Pflanzen lassen sich nur unter großen Wurzelverlusten umtopfen. Daher reserviert man bauchige Gefäße am besten für Einjahrs- oder Zwiebelblumen.

Das richtige Verhältnis Pflanze zu Gefäß hat nicht nur ästhetische Bedeutung. Wenn der Wurzelraum der Pflanzengröße entspricht, entwickelt sie sich spürbar besser. Junge Pflanzen wird man entsprechend ihrer Wachstumsgeschwindigkeit jährlich in ein größeres Gefäß setzen. Ein 5 cm breiterer Durchmesser als vorher bietet genügend Volumen für frische Erde. Größere Töpfe werden nicht schnell genug durchwurzelt und die Pflanze wackelt leichter.

Pflanzen, die die endgültige Größe erreicht haben, werden alle 2–3 Jahre umgetopft. Dabei wird vorsichtig ein Teil der alten Wurzeln entfernt. So entsteht Platz für frische Erde, in der sich neue Feinwurzeln bilden können. Wichtig ist, die Erde rund um den alten Wurzelballen herum fest zu stopfen, damit keine Hohlräume entstehen. Der beste Zeitraum zum Umtopfen ist das Frühjahr, wenn die Kübelpflanzen aus dem Winterquartier ins Freie ziehen und zurück geschnitten werden.

Rankhilfen

Alle Schlinger unter den Sommerblumen und Kübelpflanzen brauchen sicheren Halt um nach oben zu klettern. Bekommen sie den nicht, kümmern sie. Lediglich unter den winterharten Gehölzen gibt es Arten wie Efeu, Wilder Wein und Kletterhortensie, die mit Haftwurzeln selbständig klettern können. Die einfachsten Kletterhilfen bestehen aus langen Stöcken, Drähten oder kräftigen Stricken. Drähte und Stricke lassen sich mühelos der vorhandenen Situation anpassen. Sie können z. B. zwischen Kübel und darüber liegendem Balkon gespannt werden, zwischen den Wangen von Balkon oder Terrasse oder mit Abstandhaltern vor Wänden und Mauern.

Eine einfache zeltförmige Rankkonstruktion entsteht, wenn drei oder mehr gleichlange Stöcke am Rand des Kübels in die Erde gesteckt und an der Spitze zusammengebunden werden. Bambusstöcke sind ein schönes Material für derartige Zeltformen. Aber auch Weidenruten eignen sich gut. Sie lassen sich dank ihrer Elastizität auch sehr individuell biegen und flechten. Der Handel bietet häufig schlanke Kegel aus Weidenrute an oder – noch perfekter – elegante Pyramidengestelle aus Metall. Sie sind meist alten, englischen Formen nachgebildet und wirken auch unberankt wie eine Gartenskulptur. Der Schritt von der Rankpyramide zum Gartenbogen ist nicht weit. Mit ihnen lässt sich z. B. der Übergang von der Terrasse in den Garten überspannen oder die passende Umrahmung für eine Sitzbank inszenieren.

Darüber hinaus gibt es eine Vielzahl von Gittern und Ornamenten aus Kunststoff, Holz oder Metall. Je nach Größe und Konstruktion werden sie direkt in den Kübel oder die Erde gesteckt oder mit Abstandhaltern dauerhaft vor Wänden befestigt. Wichtig bei der Wahl zwischen all diesen Möglichkeiten ist nur, dass die Stabilität der Rankhilfe der Wuchsstärke und dem Gewicht der Pflanze, die daran klettern soll, entspricht.

Gießen und Urlaubspflege

Für alle Pflanzen in Töpfen, Kübeln und Kästen sind regelmäßiges Gießen und richtige Wasserversorgung lebenswichtig. Das Wasservolumen, das die Topferde aufnehmen kann, erschöpft sich schnell. Es gibt keine Nachlieferung aus tieferen Bodenschichten wie beim Sommerblumenbeet, das meist noch feucht genug ist, auch wenn die Oberfläche sich bereits trocken anfühlt. Neben der Blühfreude zeichnet daher die Arten, die für den Balkonkasten geeignet sind, eine gewisse Toleranz gegenüber Trockenstress aus. D. h. sie erholen sich meist wieder, wenn sie kurzfristig trocken gestanden haben.

Die Wassermenge

Wie viel und wie oft gegossen werden muss, hängt vom Wetter und vom Standort ab. An windigen Tagen wird mehr verbraucht als an windstillen, an schwülen weniger als an lufttrockenen. Pflanzen an zugigen Standorten verdunsten mehr als an geschützten Plätzen. Sandige Böden trocknen schneller aus als lehmige. Bei Topf- und Kübelpflanzen ist zusätzlich das Volumen des Gefäßes entscheidend. Auch konkurrenzstarke, durstige Pflanzennachbarn haben Einfluss darauf, wie oft man zur Kanne greifen muss. Grundsätzlich ist es besser, durchdringend und dafür nicht so oft zu gießen, als oberflächlich und häufig.

Fast alle Arten mögen es nicht, wenn sie im Wasser stehen. Sehr leicht beginnen dann die Wurzeln am Topf- oder Kastenboden zu faulen. Ausgetopft erblickt man statt der weißen Feinwurzeln gelbbräunlich verfärbte Fasern. Außerdem entströmt dem Boden ein dumpfer Geruch.

Nicht alle Pflanzen brauchen gleich viel Wasser. Als Faustregel sollte man sich merken:

- Alles was grau oder weiß behaart ist, ledrige oder kleine Blätter besitzt, braucht wenig Wasser. Lavendel, Arctotis, Duftsteinrich *(Lobularia)*, *Pittosporum* und Silberkörbchen *(Calocephalus)* gehören dazu.
- Pflanzen mit großen, weichen Blättern verdunsten viel Feuchtigkeit und verlangen große Mengen Wasser. Engelstrompete *(Brugmansia)*, Zimmerlinde und *Canna* sind Vertreter dieser Gruppe.

Zeitpunkt und Wasserqualität

Die beste Zeit zum Gießen sind die kühlen Morgen- und Abendstunden. Dann hat das Wasser Zeit, bis an die Wurzeln zu sickern, ohne vorher zu verdunsten. Wer die Möglichkeit dazu hat, stellt eine Regentonne auf. In ihr wird nicht nur kostenloses Gießwasser aufgefangen, es temperiert auch gleich. Wasser direkt aus dem Hahn ist vor allem im Hochsommer deutlich kälter als die Luft. Werden Pflanzen in der Sonnenwärme damit übergossen, bekommen sie einen Schock. Außerdem können Wassertropfen wie ein Brennglas wirken und Verbrennungen auf den Blättern hervorrufen. Gegossen wird daher am besten nur die Erde rund um die Pflanze. Das beugt auch Pilzkrankheiten vor, die sich bei nassen Blättern gern einstellen.

Einige Pflanzen reagieren sehr empfindlich auf Kalk im Gießwasser. Hier liegt einer der Gründe dafür, dass Gardenie, Citrusgewächse, Myrte und Kamelie als empfindlich gelten. Überall dort, wo hartes, kalkhaltiges Wasser aus der Leitung kommt, sollte man sie mit Regenwasser gießen oder das Gießwasser entkalken.

Versorgung während des Urlaubs

Wer versorgt Balkon- und Kübelpflanzen während des Urlaubs? Für viele ist das ein alljährlich wiederkehrendes Problem. Zahlreiche Systeme stehen zur Verfügung, mit denen das Gießen erleichtert oder ganz automatisiert wird. So lassen sich Zeiten der Abwesenheit überbrücken bzw. die Belastungen für Nachbarn, Freunde und Verwandte deutlich reduzieren. Auf jeden Fall sollte man das Versorgungssystem rechtzeitig installieren und ausprobieren, ob es auch wirklich sicher funktioniert.

Automatische Bewässerung

Sie ist am komfortabelsten und hält auch außerhalb der Urlaubszeit den Pflegeaufwand für die Balkonblüher gering. Voraussetzung ist ein direkter Anschluss an den Wasserhahn oder an ein größeres Wasserreservoir. Von dort aus führt ein Netz von dünnen Wasserschläuchen zu den Kästen und Töpfe. Aus ihnen rieselt entweder zu bestimmten, per Zeitschaltuhr festgelegten Zeiten das Wasser oder nur dann, wenn die Erde wirklich trocken zu werden beginnt. In diesem Fall messen Feuchtefühler den Feuchtegehalt des Bodens direkt an der Pflanze und rufen nur dann Wasser ab, wenn die Pflanze es wirklich braucht.

Kegelsystem

Es besteht aus einem luftdicht verschließbaren, wassergefüllten Tonkegel und einem dünnen Schlauch, dessen Ende in ein Gefäß mit Wasser hängt. Der Kegel wird in den Topf oder Kasten gesteckt und gibt laufend Feuchtigkeit an die Erde ab. So entsteht ein Vakuum innerhalb des Kegels, durch das ständig Wasser aus dem Gefäß nachgesaugt wird. Je nach Größe des Topfes können mehrere Kegel notwendig sein, um die Pflanze ausreichend zu versorgen.

Kästen und Ampeln mit Wasserreservoir

Diese Ampeln und Kästen sind zweischichtig aufgebaut. Den größten Teil des Volumens nimmt – wie gewohnt – die Erde mitsamt den Pflanzen ein. Darunter liegt ein Hohlraum, der als Wasserreservoir dient. Dochte reichen aus der Erde in das Reservoir hinab und saugen Feuchtigkeit nach oben. Das Reservoir wird über einen seitlichen Stutzen mit Wasser gefüllt. Das kann mit der Gießkanne passieren oder sogar automatisiert. Dazu lassen sich auch mehrere Kästen zu einem System hintereinander koppeln.

Dochtsystem zum Selbermachen

Was Kasten oder Ampel mit Wasserreservoir als fertiges System bieten, lässt sich bei Töpfen und kleineren Kübeln auch selbst herstellen. Dazu schneidet man Dochte aus hohlen Schnürsenkeln – am besten aus Kunststoff, Baumwolle verrottet zu schnell – schiebt sie mit einem Stab durch das Abflussloch des Topfes bis tief in die Erde. Ein zweites Gefäß wird mit Wasser gefüllt und zwei kurze Leisten darauf gelegt. Auf ihnen steht der Blumentopf stabil. Zwischen den Leisten hängt der Docht ins Wasser hinab und zieht Feuchtigkeit in die Erde. Je stärker der Docht ist, desto mehr Wasser wird nach oben befördert.

Düngung und Pflanzenschutz

Pflanzen brauchen Nährstoffe zum Wachsen und Blühen. Nährstoffvorräte in Balkonkasten- und Kübelerden sind nach spätestens sechs Wochen aufgezehrt. Dann muss nachgedüngt werden. Nicht alle Pflanzenarten benötigen gleich viele Nährstoffe. Mit geringem Nährstoffangebot kommen z. B. Arten wie Goldlack, Duftsteinrich, Mittagsblume und Lavendel aus. Reichlich fließen sollten die Nährstoffe bei Starkwachsern wie Zweizahn, Surfinia-Petunien oder der Fächerblume.

Benötigt werden Nährstoffe nur während der Wachstumsperiode also vom Frühjahr bis zum Herbst. Je weiter der Herbst fortschreitet, desto sparsamer wird gedüngt. Die Triebe der mehrjährigen Pflanzen müssen ausreifen können, damit sie den Winter gut überstehen. Ab Oktober stellt man die Düngung bis zum nächsten Frühjahr völlig ein. Grundsätzlich gilt, dass Pflanzen, die zu gut ernährt werden, anfälliger sind und eher zu Krankheiten neigen als knapp gehaltene.

Welche Mineralstoffe sind wichtig?

Stickstoff, Phosphor und Kalium, abgekürzt N, P und K, sind die wichtigsten Nährstoffe. Stickstoff ist vorrangig für das Wachstum der Pflanze verantwortlich. Entsprechend sollte in der ersten Hälfte des Jahres der Dünger stickstoffbetont sein. Phosphor beeinflusst Blüte, Reife und Wurzelentwicklung und Kalium sorgt für die Gewebefestigkeit. Bei Dünger für die zweite Hälfte der Vegetationsperiode überwiegen daher Phosphor und Kali. Bei gutem Mineraldünger sind die Mengenanteile auf der Packung klar gekennzeichnet. Die Werte stehen in immer gleicher Reihenfolge N : P : K. Oft ergänzt am Schluss noch ein vierter Wert für Magnesium die Reihe. So kann stickstoffbetonter Dünger z. B. die Formel 14 : 8 : 5 haben, phosphorkalibetonter Dünger 8 : 15 : 20.

Außerdem werden Spurenelemente wie Eisen, Kupfer, Mangan in winzigen Mengen benötigt. Eisenmangel, erkennbar an gelben Blättern mit grünen Adern, tritt beispielsweise häufig bei Petunien und *Calibrachoa* auf. Gegen derartigen Mangel hilft Dünger, der entsprechend mit Spurenelementen angereichert ist.

Düngerformen

Dünger wird in drei verschiedenen Formen angeboten:

- als normaler mineralischer Dünger in flüssiger oder fester Form. Er kann unmittelbar von der Pflanze aufgenommen werden. Der Boden muss feucht sein, wenn er ausgebracht wird, sonst kommt es leicht zu lokalen Düngerkonzentrationen, die die Pflanze schädigen.

- als mineralischer Langzeitdünger, beim dem die Nährstoffe in einer kleinen Membran-Kugel eingeschlossen sind. Kommen sie mit dem Boden in Berührung, geben sie Mineralien über einen Zeitraum von 4, 6 oder 9 Monaten ab. Für den Balkonkasten, in dem es von Mai–Oktober blühen soll, ist der 6-monatige Langzeitdünger richtig.

- als organischer Dünger wie Hornspäne, Rizinusschrot, Knochenmehl. Er ist nicht unmittelbar für die Pflanzen verfügbar. Die Nährstoffe müssen erst von Mikroorganismen aufgeschlossen werden. Die Wirkung dieser Dünger setzt daher verzögert ein. Dafür können Bodenversalzungen wie bei mineralischen Düngern kaum entstehen. Für Kübel und Balkonkästen sind organische Dünger allerdings nicht ideal. Aufgrund der oft extremen Lebensbedingungen in der Topferde ist die Zahl der Mikroorganismen sehr gering. Entsprechend langsam setzen sie organische Stoffe um.

Gesundheit

Der sicherste Schutz vor Krankheits- und Schädlingsbefall sind kräftige, vitale Pflanzen. Das fängt bereits beim Kauf an. Meist lohnt es, etwas mehr für gute Qualität auszugeben. Der richtige Standort, ausreichende Feuchtigkeit, genügend Platz im Kasten, eine ausgewogene Ernährung sind weitere Kriterien, die die Gesundheit der Pflanzen beeinflussen. Ein nicht steuerbarer Faktor ist das Wetter. In sehr nassen Sommern leiden die Sonne liebenden Arten. Regenschutz oder ein luftiger Platz, an dem die Blätter schnell abtrocknen, hilft ihnen Schlechtwetterperioden zu überstehen.

Pilzerkrankungen

Weißer oder grauer Belag auf den Blättern, Pusteln, runde, sich ausbreitende Blattflecken, absterbende Triebe sind Anzeichen für Pilzerkrankungen. Alle befallenen Pflanzenteile sollten so schnell wie möglich abgeschnitten werden. Sie gehören in die Mülltonne und nicht auf den Kompost. Vor allem im Winterquartier muss sorgfältig auf Pilzbefall kontrolliert werden. Auch abgefallene Blätter und tote Triebe können Herde für Erkrankungen sein und werden entfernt.

Tierische Schädlinge

Blattlausbefall: Meist löst sich das Problem von allein, wenn sich die entsprechenden Feinde (Nützlinge) – z. B. Marienkäfer, Florfliegenlarven, Schwebfliegenlarven – einstellen. Auch mechanisches Abstreifen und Abspritzen mit Wasser ist ein gutes Mittel, Befall zu reduzieren.

Woll- und Schmierläuse: Hartlaubige Pflanzen wie Oleander und Citrus werden häufig von ihnen befallen. Ein bewährtes Mittel ist hochgereinigtes Mineralöl, auch Sommeröl genannt, das die Schädlinge mit einem Ölfilm überzieht und erstickt.

Rote Spinne: erkennbar an feinen Gespinsten an den Blättern: Sie ist ein Zeichen von zu trockener Luft und verschwindet bei Erhöhung der Feuchtigkeit meist von allein.

Dickmaulrüssler: erkennbar an buchtenförmigen Fraßstellen. Seine Larven lassen sich durch Ausgießen von Präparaten wirksam bekämpfen, in denen der natürliche Gegenspieler – die Nematoden-Art *Heterorhabditis* – enthalten ist.

Weiße Fliege und Thripse: Stark befallene Pflanzen wirft man am besten weg. Denn die Bekämpfung mit Nützlingen ist im Freiland schwierig. Das Abwandern der Nützlinge auf andere, interessantere Pflanzen lässt sich nicht verhindern. Im Winterquartier behagt den meisten Nützlingen die Temperatur nicht. Hilfe bringen hier leimbeschichtete Gelb- bzw. Blautafeln, die auffliegende Insekten anziehen.

Über diese Methoden hinaus bieten sich Präparate aus Kaliseife an und Pflanzenstärkungsmittel, die die Abwehrkraft der Pflanzen stärken. Chemischer Pflanzenschutz sollte nur im äußersten Notfall und nach Beratung durch den Fachmann eingesetzt werden.

Dickmaulrüssler

Weiße Fliege

Verjüngungs- und Formschnitt

Es gibt verschiedene Gründe, Kübelpflanzen zu schneiden:

- damit sie nicht zu groß werden
- damit sie reich blühen
- um sie zu einer bestimmten Form zu erziehen

Verringern der Größe

Viele Kübelpflanzen sind in ihrer Heimat große Bäume und Sträucher. Zwar schränkt bereits der begrenzte Wurzelraum im Kübel ihr Wachstum ein. Dennoch würden viele von ihnen ungeschnitten die Dimensionen der Terrasse oder des Winterquartiers sprengen. Geschnitten wird nach Möglichkeit so, dass die natürliche Wuchsform der Pflanze erhalten bleibt. Gleichzeitig werden alle kranken, schwachen und sich gegenseitig bedrängenden Triebe entfernt.

Fördern der Blüte

Arten wie Fuchsie und Strauchmargerite entwickeln ihre Blüten ausschließlich an den jungen Trieben. Würden sie nicht zurückgeschnitten, bildeten sich nur noch an den äußeren Spitzen Blüten. Das Innere würde mehr und mehr verkahlen. Kräftiger Rückschnitt zwingt die Pflanze, aus dem alten Holz auszutreiben. So entsteht eine kompakte Krone oder ein geschlossener Busch.

Formschnitt

Geformte Kübelpflanzen – Pyramiden, Säulen, Kugeln, Fächer, Tiere – sind in Mode. Vor allem aus Lorbeer, *Euonymus*, *Viburnum tinus* und Buchsbaum entstehen streng geformte Figuren. Wichtig ist der regelmäßige Schnitt – mindestens zweimal im Jahr – der die Triebe zur Verzweigung anregt. So entsteht der geschlossene, dichte Umriss der Form.

Bei blühenden Arten wie Fuchsie oder Myrte sind die graziösen Hochstämmchen beliebt. Sie besitzen besonderen Charme und lassen den Wuchscharakter der jeweiligen Art voll zur Geltung kommen. Zum Hochstämmchen geeignet sind alle Arten, die aufrecht wachsen, kräftig verholzen, Schnitt vertragen und sich willig verzweigen. Die Erziehung beginnt schon beim eintriebigen Jungpflänzchen, bei dem durch Schnittmaßnahmen zuerst das Höhenwachstum, später die Kronenbildung gefördert wird. Während Fuchsie, Margeritenbäumchen *(Argyranthemum)* und Granatapfel *(Punica)* auch ohne Stütze aufrecht stehen, brauchen Arten mit schwächeren oder rankenden Trieben wie *Pelargonium-Zonale*-Hybriden, Jasmin-*Solanum* und *Bougainvillea* einen kräftigen Stab oder eine Halterung.

Geschnitten wird bei den meisten Arten im frühen Frühjahr, bevor der Neuaustrieb einsetzt. Bei Pflanzen, die für das Winterquartier zu groß geworden sind, kann schon im Herbst zur Schere gegriffen werden. Ausnahmen von der Regel sind Arten, die im Winter bzw. Frühjahr blühen wie Kanarenginster, *Citrus*-Arten, Wollmispel, Eisenholzbaum, Klebsame, Zimmerlinde, Rosmarin, Mittelmeerschneeball. Sie werden erst nach der Blüte geschnitten.

Richtig überwintern

Wohin mit Oleander, Zitronenbaum und Fuchsie, wenn der Winter naht? Viele Pflanzenfreunde stehen alljährlich vor dem Problem. Am einfachsten ist es, die Pflanzen zum Gärtner zu geben. Viele Betriebe bieten Überwinterungsservice und nehmen dem Pflanzenfreund diese Sorge ab. Aber auch das eigene Umfeld ist oft gar nicht so schlecht, wie es auf den ersten Blick erscheint.

Eine große Gruppe von Kübelpflanzen macht im Winter eine absolute Ruhepause durch. Sie werfen das Laub völlig ab wie Granatapfel *(Punica)* und Feigenbaum *(Ficus carica)* oder ziehen ein wie Knollenbegonien, *Canna* und *Zantedeschia*-Hybriden. Sie können während der Wintermonate ganz dunkel stehen, solange es nur kühl genug ist.

Im Gegensatz dazu verlangen Gardenie, *Hibiscus*, *Lotus* und Zimmerlinde nicht nur einen sehr hellen Platz. Sie fühlen sich auch bei Temperaturen zwischen 10 und 15 °C am wohlsten. Ein mäßig beheiztes Zimmer ist für sie ideal.

Andere sind so robust, dass sie in milden Regionen draußen überwintern können. Die *Aucuba* gehört in diese Gruppe, Lorbeer, Rosmarin und Magellanica-Fuchsien. Auch die Lagerströmie ist überraschend hart und sogar bei den Kamelien gibt es Sorten, die Frost vertragen. Voraussetzung für die Frosttoleranz ist aber, dass die Pflanzen richtig ausreifen dürfen, dass also das Düngen rechtzeitig beendet wird, und sie sich langsam an Kühle gewöhnen können. Selbst die harte Aukube erfriert, wenn sie direkt aus dem geschützten Raum in den Frost gebracht wird.

Die meisten anderen Arten sind mit Temperaturen um 5 °C zufrieden. Grundsätzlich gilt, je kühler sie stehen, desto sparsamer wird gegossen. Eine Ausnahme bilden die winterblühenden Arten. So braucht die Kamelie ähnlich wie die Zimmerlinde *(Sparmannia)* und die weiße *Zantedeschia aethiopica* gerade in dieser Zeit eine gute Wasserversorgung.

Pilzkrankheiten und Schadinsekten sind die größten Feinde der Kübelpflanzen im Winterquartier. Vor dem Einräumen werden daher alle Töpfe sorgfältig durchgeputzt und untersucht. Kranke und verlauste Pflanzen wirft man am besten weg. Sie werden im Winterquartier nur noch schwächer und stecken andere Arten an. Bei den laubabwerfenden Arten sind die Blätter vielfach noch grün. Hier muss sich ein zweiter Putzgang anschließen, sobald die Blätter welk sind. Häufiges Lüften – keine Zugluft – verringert zu hohe Luftfeuchte im Winterquartier, die meist die Ursache für Pilzerkrankungen ist.

Da sich alle Kübelpflanzen im Freien wohler fühlen als im geschlossenen Raum, sollten sie so spät wie möglich ein- und so früh wie möglich ausgeräumt werden. Wer es einrichten kann, bringt zuerst nur die empfindlichen Arten ins Haus und lässt die anderen noch an der frischen Luft. Denn meist folgt auf die ersten Frostnächte noch eine längere Phase milden Wetters, die den härteren Arten sehr gut bekommt. Die ersten Frühlingstage im Freien verbringen auch Sonne liebende Arten im Halbschatten. In der vollen Sonne würden die während des Winters weich gewordenen Blätter verbrennen.

Giftige Pflanzen

Statistisch gesehen spielen Pflanzen bei Vergiftungen keine große Rolle und nur die wenigsten Sommerblumen und Kübelpflanzen sind giftig. Trotzdem sollte man wissen, bei welchen Arten Vorsicht geboten ist, insbesondere wenn kleinere Kinder Kontakt mit den Pflanzen haben können. Unter den in diesem Buch aufgeführten Arten sind es:

- **Buchsbaum** *(Buxus sempervirens)* löst beim Menschen nur geringfügige Symptome aus, besitzt aber eine starke Giftwirkung für Tiere
- **Gewürzrinde** *(Cassia corymbosa* und *C. didymobotrya)*, unter dem Namen Senna als starkes Abführmittel bekannt
- **Goldlack** *(Cheiranthus cheiri)*, er spielt bei Vergiftungen praktisch keine Rolle
- **Alpenveilchen** *(Cyclamen persicum)*, der Verzehr von Pflanzenteilen löst Magen- und Darmbeschwerden aus. Im Mittelalter wurde es als drastisches Abführmittel genutzt
- **Engelstrompete** *(Brugmansia suaveolens)*. Sie enthält sehr starke Giftstoffe. Da abgefallene Blüten Kinder zum „Trompeten" verlocken, sollten sie unbedingt vor dem Umgang mit ihnen gewarnt werden. Auch beim Rückschnitt und Hantieren mit der Engelstrompete ist Vorsicht angebracht. Nicht weniger giftig ist der nicht verholzende, mit aufrechter Trompete blühende **Stechapfel** *(Datura stramonium)*. Dekorative Stechapfel-Sorten werden in jüngster Zeit vermehrt als Solitär in Kübeln und Sommerblumen-Pflanzungen genutzt
- **Korallenstrauch** *(Erythrina crista-galli)* gilt als giftig, obwohl unklar ist, ob er bei Verzehr überhaupt Vergiftungserscheinungen auslöst
- **Spindelstrauch** *(Euonymus japonicus* und *E. fortunei)*, kann nach Verzehr von Pflanzenteilen Koliken und Kreislaufstörungen verursachen. Anders als das heimische Pfaffenhütchen mit seinen attraktiven orange-roten Samen reizen sie allerdings wenig zum Probieren
- **Mandelwolfsmilch** *(Euphorbia amygdaloides)*, wie die meisten Wolfsmilch-Arten besitzt auch sie Giftwirkung
- **Efeu** *(Hedera helix)*, die Beeren, die zum Probieren reizen können, entstehen nur an der großblättrigen Altersform. Sie schmecken widerlich, daher ist die Aufnahme gefährlich werdender Mengen unwahrscheinlich
- **Wandelröschen** *(Lantana-Camara*-Hybriden*)*, die brombeerartigen Früchte rufen, in größeren Mengen gegessen, schwere Vergiftungserscheinungen hervor. Daher sollten sie überall dort entfernt werden, wo Kinder sie erreichen können
- **Oleander** *(Nerium oleander)*, der extrem bittere Geschmack hält in der Regel davon ab, dass gefährlich werdende Mengen gegessen werden
- **Rizinus** *(Ricinus communis)*, Vergiftungen werden meist durch die attraktiv aussehenden Samen hervorgerufen, die sich in den stacheligen Fruchtständen bilden. Schon wenige Kerne rufen schwere Vergiftungen hervor. Bei Hautkontakten (Ketten aus Rizinuskernen) kann es zu allergischen Reaktionen kommen
- **Jasmin-Solanum** *(Solanum jasminoides)* und **Enzianstrauch** *(Solanum rantonnetii)*, die Aussagen darüber, ob die beiden Nachtschattengewächse giftig sind, widersprechen sich. Es ist daher allemal besser, etwas vorsichtiger mit den schönen Blühern umzugehen
- **Eibe** *(Taxus baccata)*, bis auf den roten Samenmantel sind alle Teile der Eibe giftig
- **Mittelmeer-Schneeball** *(Viburnum tinus)*, wie der heimische Schneeball ist auch er giftig. Für kleine Kinder sollten insbesondere die schwarzen Beeren nicht erreichbar sein oder entfernt werden

Verzeichnis der botanischen Pflanzennamen

Verzeichnis der deutschen Pflanzennamen

Bildquellenverzeichnis:
Cover: Christiane Wolfertz (www. fotolia.com)
Ernst Benary Samenzucht GmbH, Hann. Münden: S. 81 u., CMA: S. 21, 173, 179, 181, 185, Kientzler GmbH, Gensingen: S. 4, 5, 7, 13 u., 22, 67, 76 o., 83, 85, 93 u., 106 u., 147, 148, 150, 151, 154 o., 174, Landwirtschaftskammer Schleswig-Holstein: S. 174, Nature + Science/Gut: S. 183, Nature + Science/Jung: S. 183, Pac: S. 4, 5, 109, 111, 112, Helga Panten: S. 20, Strauß: S. 59, 73, www.istockphoto.com (PriamoMelo): S. 15 o., Alle anderen Abbildungen: Floramedia Deutschland KG und Floramedia Group B.V.

Impressum

E-Mail: buch@avbuch.at, Internet: www.avbuch.at

Deutsche Nationalbibliothek – CIP-Einheitsaufnahme
Die Deutsche Nationalbibliothek verzeichnet diese Publikation in der Deutschen Nationalbibliografie; detaillierte bibliografische Daten sind im Internet über http://dnb.ddb.de abrufbar.

Projektleitung: Brigitte Millan-Ruiz, avBUCH
Lektorat: Barbara Meister (www.gartenakademie.at)
Layout, Satz und Repro: Hantsch & Jesch OG, Wien
Umschlaggestaltung: Ravenstein & Partner, Verden
Druck und Bindung: Westermann Druck, Zwickau

Printed in Germany

ISBN: 978-3-7040-2421-3